8° R

359?/1

(1912)

· Nationale des Coopératives de Consommation

GANE D'ÉMANCIPATION DES TRAVAILLEURS

Siège social : 208, rue Saint-Maur, Paris-10ᵉ

Métro : Belleville ou Combat

1ᵉʳ CONGRÈS (Unitaire)

TENU A TOURS

les 28, 29 et 30 Décembre 1912

❖

COMPTE RENDU

Prix : 1 fr. 50 franco

PARIS

BUREAUX de la FÉDÉRATION NATIONALE

208, rue Saint-Maur

1913

⸱ Nationale des Coopératives de Consommation

GANE D'ÉMANCIPATION DES TRAVAILLEURS

Siège social : 208, rue Saint-Maur, Paris-10ᵉ

Métro : Belleville ou Combat

1ᵉʳ CONGRÈS (Unitaire)

TENU A TOURS

les 28, 29 et 30 Décembre 1912

COMPTE RENDU

Prix : 1 fr. 50 franco

PARIS

BUREAUX de la FÉDÉRATION NATIONALE

208, rue Saint-Maur

1913

8° R
35971
1912

· **Nationale des Coopératives de Consommation**

GANE D'ÉMANCIPATION DES TRAVAILLEURS

Siège social : 208, rue Saint-Maur, Paris-10ᶜ

Métro : Belleville ou Combat

1ᵉʳ CONGRÈS (Unitaire)

TENU A TOURS

les 28, 29 et 30 Décembre 1912

COMPTE RENDU

Prix : 1 fr. 50 franco

PARIS

BUREAUX de la FÉDÉRATION NATIONALE

208, rue Saint-Maur

1913

Fédération Nationale des Coopératives de Consommation

ORGANE D'ÉMANCIPATION DES TRAVAILLEURS

Siège social : 208, rue Saint-Maur, Paris-10e

Métro : Belleville ou Combat

1er CONGRÈS (Unitaire)

TENU A TOURS

les 28, 29 et 30 Décembre 1912

COMPTE RENDU

Prix : 1 fr. 50 franco

(1912) PARIS

BUREAUX de la FÉDÉRATION NATIONALE

208, rue Saint-Maur

1913

PREMIÈRE JOURNÉE

Dimanche 29 Décembre 1912 (matin)

Vérification des mandats

Dès 9 heures, de nombreux délégués se pressent à l'entrée de la salle Brunet pour retirer leurs mandats.

Des pointages qui seront faits plus tard il résulte que les délégués sont environ 375, représentant 603 sociétés.

C'est un très beau résultat si l'on considère que le Congrès s'est tenu à une époque de l'année où l'on s'absente le moins facilement de chez soi, tant à cause du temps que pour des raisons familiales.

Réception des délégués et vin d'honneur

A 10 heures, les délégués étrangers prennent place à la table réservée et les délégués français se massent dans la grande salle.

Poisson. — Au nom du Comité d'organisation, je suis chargé de vous donner connaissance de la bonne nouvelle que les délégations étrangères sont assez nombreuses et de vous donner la liste des noms des délégués des différentes organisations représentées : '

L'*Alliance Coopérative Internationale* nous a délégué son président, Maxwell et son vice-président, Williams ; l'*Union Coopérative anglaise*, J. Deans, May et Whitehead ; la *Wholesale anglaise*, Hemingway ; l'*Union Coopérative allemande*, le docteur August Muller et le *Magasin de Gros allemande*, Berger ; l'*Union Coopérative Suisse*, Jœggli et Pronier ; la *Fédération des Coopératives belges*, le camarade Servy ; la *Fédération des Coopératives autrichiennes* et le *Magasin de Gros*, de Vienne, Pittoni, et l'*Union des Coopératives hollandaises*, *Van der Mandere*.

Le délégué de la Pologne et le délégué roumain vont arriver dans quelques instants.

La *Chambre Consultative des Associations Ouvrières de production* nous a délégué Briat. De plus, nous avons reçu les lettres et les télégrammes d'excuses et de félicitations de la *Wholesale Ecossaise*; du *Magasin de Gros*, de Milan ; de l'*Union*

Coopérative suédoise, qui devait être représentée par le docteur Hans Muller ; du *Magasin de Gros finlandais;* de l'*Union des Coopératives russes,* et du docteur Totomianz, de Moscou.

CHÈGNE, secrétaire de la *Fédération des Coopératives du Centre,* donne lecture du salut suivant :

« Au nom du Comité d'organisation de la région de Tours et comme secrétaire de la Fédération, je viens vous souhaiter la bienvenue et je vous adresse le salut fraternel de tous les coopérateurs de la région du Centre. »

SOULET, délégué du *Comité d'organisation du Congrès de Tours,* donne lecture du discours suivant :

Chers Coopérateurs, Camarades,

Au nom du Comité chargé de l'organisation du Congrès National de l'Unité Coopérative, j'ai le plaisir et l'honneur de vous adresser le salut fraternel des coopérateurs du Centre, en même temps que leurs souhaits de bienvenue les plus cordiaux, les plus sympathiques et j'ajouterai même les plus affectueux.

Permettez-nous, tout d'abord, de vous remercier d'avoir lors de vos dernières assemblées générales de Paris et de Roanne, choisi la ville de Tours comme siège du Congrès unitaire.

Nous avons, de notre côté, fait ce qui dépendait de nous pour vous rendre le séjour parmi nous aussi agréable que possible et nous nous estimerons très heureux si nous y avons réussi. Mais si nous nous sommes efforcés, par des à-côtés vous offrant quelques distractions, de rendre plus gaie la tâche que vous êtes venus accomplir dans notre bonne ville de Tours, en traitant la question de l'Unité coopérative, il faut reconnaître que la nature ne nous y aide guère en ce moment et que, pour un peu, elle ferait perdre à notre Touraine, si c'était possible, son renom de Jardin de la France. C'est qu'en effet, en cette saison, les intempéries, pluie ou brume, que nous subissons depuis longtemps, trop longtemps, couvrent d'un voile gris et épais les coteaux habituellement si clairs, si riants, qui fuient le long de notre fleuve, en une longue ligne moutonneuse parsemée de châteaux et de villas. Vous n'aurez donc pas le plaisir d'admirer notre contrée sous ses plus beaux atours, pendant les longues journées d'été où le soleil verse à flots la vie et la lumière, ou encore pendant les beaux soirs d'automne où les teintes les plus variées, les couleurs les plus chatoyantes se mêlent aux merveilleux couchers de soleil dans le lointain, au-dessus du fleuve qui se dore lui-même à ces contacts si pénétrants.

Cependant si vous n'avez pas la satisfaction de jouir pleinement de ce qui fait toute la grâce, toute la raison d'être de notre région, vous aurez celle autrement noble, puisqu'elle sera votre œuvre, d'avoir scellé d'une manière indestructible, aujourd'hui et demain, le pacte d'unité qui doit fondre en un seul organisme les deux écoles coopératives existant en France jusqu'à ce jour et bannir à jamais ces discussions qui ont été jusqu'alors si funeste à la cause de la coopération. Il y a longtemps, en effet, que cette unité était à l'ordre du jour et qu'adversaires et partisans ont versé des torrents d'éloquence soit pour en vanter les mérites, soit pour en faire ressortir les inconvénients.

Heureusement, le bon sens qui ne perd jamais ses droits, a eu raison de toutes les difficultés et ces fiançailles si longues, si laborieuses, comme l'a dit parfois si excellemment le vénéré Ch. Gide, ont abouti à un mariage d'amour que, pour notre part, nous désirons aussi heureux que possible dans un ciel d'une pureté sans exemple.

Cette question résolue, la Coopération française n'aura plus qu'à suivre la voie que lui ont tracée particulièrement les organisations anglaise, allemande, suisse, si dignement représentées en ce moment à notre Congrès, et marcher à pas de géant, si elle veut atteindre leur développement et leur puissance. C'est donc à cette marche en avant, à cette expansion, que nous devons tous travailler de tout cœur, sans nous rebuter et avec tout le courage dont nous sommes capables.

C'est à la Coopération, école par excellence de la solidarité et créatrice des énergies fécondes que je vous convie, chers camarades à lever nos verres :

C'est aussi à nos hôtes de quelques jours, aux camarades délégués étrangers, à vous, camarades congressistes, à vos familles, qu'au nom du Comité d'organisation, je lève mon verre à nouveau, à la grande famille coopérative, à l'union de tous, pour l'Unité !

MAXWELL, président de l'Alliance Coopérative Internationale, s'excuse de ne pas bien posséder la langue française, qu'il parle aujourd'hui pour la première fois en l'honneur de l'Unité, (*Applaudissements*) et dit :

Monsieur le Président, Chers Amis,

Je viens dans votre beau pays cette fois, non pas, comme autrefois, pour étudier vos trésors artistiques et historiques, mais je crois avec un but plus haut même. Je viens pour féliciter les coopérateurs de France de leur sage décision de mettre de mettre de côté leurs différences et de s'unir pour exécuter la grande œuvre de secours et de progrès mutuel. Quelles que soient les différences qu'il y eût parmi les coopérateurs français avant la réunion heureuse d'aujourd'hui, elles sont très insignifiantes à côté des questions importantes sur lesquelles vous vous rencontrez. Vous êtes tous d'accord sur le grand principe fondamental de la Coopération : Tous pour chacun, chacun pour tous. Vous êtes tous d'accord à admettre que si la France veut devenir un centre important, comme j'espère qu'elle deviendra bientôt, elle doit renfermer toutes sortes de sentiments et d'efforts vraiment coopératifs. Il ne vous est pas possible de travailler en sections et en fractions, quand vous travaillez tous pour le même but.

Ainsi cette réunion qui a lieu aujourd'hui, marque une nouvelle époque dans l'histoire du mouvement coopératif en France. Les idées sociales de Fourier, de Godin et d'autres peuvent maintenant se réaliser, si vous êtes loyaux aux serments faits aujourd'hui.

En Grande-Bretagne, actuellement, nous groupons dans les rangs coopératifs, des hommes de toutes croyances et de tous partis politiques. Les libéraux, les socialistes et les conservateurs travaillent en parfaite harmonie pour élever les classes ouvrières. Nos sentiments privés sur la religion et la politique doivent être séparés de notre travail coopératif. Nous avons gagné notre grand et croissant succès par l'esprit, la tolérance et l'enthousiasme de ces hommes qui ont donné de leur meilleur pour la cause du peuple, sans égard à la religion ou à la politique. La division, c'est la décadence et la mort; l'unité, c'est le progrès et la vie.

Dans certaines Sociétés anciennes, on n'admettait qu'une classe de politiciens, qui se croyaient les seuls et vrais réformateurs. Elles ne réussirent pas. Aujourd'hui, notre mouvement est ouvert à tous; car nous voulons aider tout le monde. C'est pourquoi nous avons si bien réussi. Je crois que j'exprime les sentiments de tout bon coopérateur de chaque pays, quand je dis que nous souhaitons une longue vie et la plus grande prospérité dans vos nouvelles relations.

La nouvelle de votre rapprochement a réjoui le monde coopératif. Le Comité Central de l'Alliance Coopérative Internationale, composé de meneurs du mouvement dans presque tous les pays de l'Europe, m'a envoyé ici pour vous exprimer son approbation de la détermination prudente que vous avez prise aujourd'hui. Bien sûr, vous aurez des difficultés comme la plupart des gens qui viennent de se marier; mais un esprit de patience et de tolérance vous aidera beaucoup dans votre vie. Mettez-vous à votre grand travail. Unis, vous réussirez; désunis, vous échoueriez.

L'histoire de la France vous donne plusieurs exemples qu'un seul but est couronné de succès. Rendez historique l'œuvre d'aujourd'hui; marchez ensemble pour le bien-être du peuple, et sans aucun doute votre effort aboutira. (*Applaudissements.*)

Deans, de Glasgow, délégué de l'*Union Coopérative anglaise*, prononce en anglais le discours suivant, traduit par Mauss :

Chers Camarades,

Je vous apporte de la part de l'Union des Coopératives anglaises, le plus cordial, le plus chaleureux et le meilleur des souhaits.

Je vous félicite chaleureusement d'avoir réalisé l'unité coopérative et je me félicite d'assister à sa manifestation. Je considère que c'est un notable événement, non pas simplement pour la coopération française, mais pour l'histoire de la coopération dans le monde. C'est d'un bon exemple pour tout le mouvement et pour toutes les nations.

Je suppose qu'à la suite de cet événement, de la même façon qu'il est possible et opportun en ce moment de souhaiter une bonne année, il est possible et opportun de vous souhaiter dès maintenant l'ouverture d'une nouvelle ère pour le développement coopératif.

J'espère que l'union coopérative ne se contentera pas de

réaliser l'unité morale, mais qu'elle conduira au développement
de la production coopérative et aussi à l'efficacité de la répartition coopérative. J'espère qu'à la suite de cette union, se
répandra dans toute la France et dans le mouvement coopératif un enthousiasme tel, que le mouvement coopératif s'éten-
dra, fleurira, grandira et améliorera sérieusement la situation
de toutes les parties de la communauté de la République française. (*Applaudissements*.)

HEMINGWAY, délégué de la *Wholesale anglaise*, prononce en
anglais, le discours suivant, traduit par de Boyve :

Messieurs et chers Camarades,

Je viens vous apporter les meilleures félicitations de la Coopérative Wholesale d'Angleterre et vous apporter aussi les
congratulations de tous mes collègues pour la fusion des sociétés coopératives et pour la force du mouvement coopératif en
France.

Depuis que ce mouvement d'union des forces coopératives
s'est achevé dans des conditions si heureuses, on peut voir que
la paix a ses conquêtes, de même que la guerre. Eh bien, dans
l'événement qui vient de se produire, on peut réclamer des deux
côtés la victoire, étant donné que le vote de la fusion a été fait
à une immense majorité.

Nous désirons ardemment que cette nouvelle ère de prospérité soit le début d'une période de progrès marqué du mouvement coopératif en France et qu'elle dépasse de beaucoup tout
ce qui a été fait auparavant.

En ce qui concerne les magasins du Wholesale, nous avons
fait des progrès sensibles cette année. Voici quelques chiffres :

Les ventes se sont élevées à 725 millions; les actions à
46 millions 750.000 francs; le fonds de réserve à 108 millions
625.000 francs; les banques, à 3 milliards 750 millions. Les en-
trées de marchandises en Angleterre se sont élevées à 184 millions 600.000 francs. L'industrie productive a atteint le chiffre de
200 millions, les réserves s'élèvent à 18 millions et le salaire des
employés au Wholesale est de 21.210.000 francs. Ils vivent dans
la situation la plus confortable, reçoivent les salaires les plus
élevés qu'on puisse donner en Angleterre, de même que les
magasins se présentent au point de vue de l'hygiène dans des
conditions exceptionnelles.

Je souhaite aux coopérateurs français d'atteindre ces résultats et je fais des vœux pour le développement du mouvement coopératif en France, grâce à l'unité. (*Applaudissements*).

Williams, vice-président de l'*Alliance Coopérative Internationale* :

Monsieur le Président,

Camarades Coopérateurs et chers Collègues,

Je ne pourrai ajouter que très peu de mots à ce que mes collègues vous ont dit, mais au nom de l'Alliance Coopérative Internationale et des sociétés ouvrières de production anglaises, je dois vous remercier de tout mon cœur de l'accueil chaleureux que vous nous avez fait à nous, délégués étrangers.

C'est la première fois que j'assiste à un Congrès coopératif français, mais ce n'est pas la première fois que je fais l'expérience de l'accueil fraternel que font toujours les coopérateurs français à leurs collègues d'outre-mer.

Et maintenant, chers collègues, vous ayant remerciés, je n'ai qu'à saluer l'unité coopérative que vous venez d'achever. Après des années de discussions, vous vous êtes bien persuadés, chers camarades, que nonobstant la différence des opinions politiques, il y a dans la coopération un terrain où les hommes de presque toutes les opinions peuvent travailler ensemble pour le relèvement du peuple, pour la justice économique et sociale. Les différences d'opinions subsisteront toujours, mais cependant les hommes de bonne volonté de toutes les opinions peuvent se respecter et, j'ose même le dire, s'aimer les uns les autres. (*Applaudissements.*) S'ils le cherchent, ils arriveront toujours à travailler ensemble. Que nous soyons socialistes ou non, il est bien possible, camarades, que l'avenir amènera des résultats ou des réalisations que ni les socialistes, ni les autres ne peuvent prévoir en ce moment.

C'est pourquoi je salue les coopérateurs de toutes les opinions en reprenant les termes d'un de vos poètes.....

A vous qui rêvez pour l'homme paix, justice et vérité,
De quelque nom qu'on vous nomme : salut et fraternité!

(*Applaudissements*).

Docteur August MULLER, délégué de l'*Union Coopérative allemande* :

Chers Coopérateurs,

Mesdames et Messieurs,

J'ai l'honneur de vous remettre les vœux d'un million et demi de coopérateurs allemands. Dans notre pays, les mouvements coopératifs ne sont pas conformes à l'unité; des questions politiques et religieuses divisent les coopérateurs. Mais nous n'avons qu'une grande organisation de consommateurs : l'Union centrale des sociétés allemandes de consommation : cette ligue est l'unique en Allemagne qui ait un développement considérable. Cette Union se conforme aux principes des Pionniers de Rochdale : neutre et tolérante dans les questions politiques et religieuses, mais rigoureuse dans toutes les questions coopératives.

Je vous donne quelques chiffres concernant le développement de l'Union centrale des sociétés allemandes de consommation.

En 1903, l'année de la fondation de l'Union centrale allemande, le nombre des sociétés adhérentes était de 685; en 1911, il passait à 1,183.

Les membres s'élevaient en 1903, à 550,000, et, en 1911, à 1,300,000.

Les chiffres d'affaires passaient de 211,000,000 en 1903, à 637,000,000 en 1911.

La production propre passait de 17,300,000 francs en 1903 à 100,000,000 en 1911.

Le capital social, de 62,500,000 francs en 1903, à 182,000,000 en 1911.

Pour notre *Magasin de Gros*, les chiffres de vente ont été : en 1903, de 33,00,000 de fancs et de 137,00,000 de francs en 1911.

En 1912, nous espérons que ces chiffres passeront à 1,500,000 membres; 650,000.000 de francs d'affaires et, pour notre Magasin de Gros, un total de 174,000,000 de francs d'affaires.

Ces chiffres accusent certainement un développement extraordinaire et nous, coopérateurs allemands, pouvons dire : le mouvement coopératif en Allemagne est en bon chemin !

Chers coopérateurs, je représente l'Union centrale des Sociétés allemandes de consommation; mon ami M. Berger, est délégué du Magasin de Gros allemand. Parce que nous venons d'un pays où le mouvement coopératif est désuni, nous savons que cet état de division paralyserait l'essor du mouvement coopératif si une partie n'avait — tel est le cas pour l'Allemagne — une attraction extraordinaire.

Vous, en France, avez des coopérateurs de grande capacité ; ce qui vous manque, c'est l'unité du mouvement coopératif. Unissez-vous et vous aurez dans l'organisation nouvelle le cadre dans lequel vos talents, votre éloquence et votre élan admirables produiront des résultats très remarquables.

Je suis fier de pouvoir assister à l'événement historique le plus considérable de la coopération française : la naissance de l'unité coopérative de consommation en France. Les salutations fraternelles et les vœux sincères des coopérateurs allemands accompagnent les travaux de votre Congrès. (*Applaudissements.*)

Pittoni, délégué du *Magasin de Gros autrichien*.

Mesdames, Messieurs, chers Coopérateurs,

Je veux faire de mon mieux pour m'exprimer dans votre langue, mais je dois compter sur votre indulgence.

La Fédération des Coopératives de consommation autrichiennes et le Magasin de Gros d'Autriche, m'ont chargé de porter à votre Congrès les salutations les plus fraternelles des coopérateurs autrichiens de toute nationalité et leurs félicitations pour l'acte très important que vous allez accomplir d'unification du mouvement coopératif français.

Ce n'est pas à un Congrès que vous avez invité l'Internationale coopérative : c'est vraiment à une belle et grande fête de l'unité, soigneusement préparée par vous, dès longtemps souhaitée par nous tous. (*Applaudissements.*)

Ce que vous allez accomplir est une grande chose, non seulement pour le coopératisme français, mais pour toute l'Internationale des coopérateurs. Je suis un socialiste et même un de ceux qui n'admettent pas d'atténuation sur le terrain de la lutte de classes. Eh bien, je salue votre unité, non seulement comme coopérateur, mais en toute ma conscience de socialiste. (*Applaudissements.*)

Camarades, je suis aussi fondateur d'une coopérative de consommation, qui s'étend maintenant à toute une province.

Je suis fier d'avoir ouvert les portes à tous, je suis fier que les indifférents, que même les adversaires politiques puissent constater la bonne administration socialiste, en profitant d'une institution fondée par nous, mais pas pour nous seulement. (*Très bien ! très bien !*)

La concentration, l'union fédérale va s'accomplir en Angleterre et en Allemagne, augmentant toujours le nombre des coopérateurs, mais n'augmentant pas le nombre des coopératives. En Autriche également vont se fusionner plusieurs coopératives, pour être plus fortes, pour mieux résister, pour donner plus d'avantages à leurs associés; la concentration des forces c'est le meilleur emploi de ces forces et l'unité que vous allez proclamer ne sera pas seulement un doublement mais un centuplement de votre force. Je ne veux pas mépriser la théorie et les théoriciens; mais je crois être dans le vrai si je dis que nous avons fait beaucoup de théorie jusqu'ici, que maintenant il faut une action intense et que cette action sortira de votre unité. Et le France qui a tant donné aux autres peuples, occupera bientôt une place digne d'elle dans l'Internationale coopérative. Nous acclamons avec tout notre enthousiasme l'unité des coopératives françaises. *Vivat, crescat, floréat!* (*Applaudissements.*)

PRONIER, délégué de l'*Union Suisse*.

Mesdames, Messieurs,

Chers Camarades, chers Amis coopérateurs,

J'ai l'honneur, aujourd'hui, de vous apporter les salutations des coopérateurs suisses et leurs félicitations les plus chaleureuses pour l'Unité que vos votes d'aujourd'hui et de demain consacreront sans doute. Nous pouvons, aujourd'hui, exprimer la douleur que causait aux coopérateurs étrangers la division du monde coopératif français, car, vous ne l'ignorez pas, la coopération est internationale. Tout ce qui vous touche, nous touche aussi, comme, je l'espère, tout ce qui nous touche vous touchera également. Nous considérons vos succès comme nos succès et vos échecs comme nos échecs, et nous avons toujours regretté de voir un pays comme la France, un pays si riche d'idées, si riche en forces intellectuelle et morale, remplir un rôle inférieur dans le domaine coopératif.

Tout vous pousse à l'unité. Il y a naturellement d'abord des raisons matérielles, des raisons économiques que vous connaissez sans doute mieux que moi. Il est certain que vis-à-vis de toutes les forces capitalistes qui menacent actuellement de nous submerger, la coopération doit rassembler également ses forces pour pouvoir lui résister.

Il y a également des raisons théoriques qui vous poussent à l'unité. Je sais bien que parmi vous on a dit à plusieurs reprises qu'il fallait à un grand mouvement une unité morale et que personne ne voulait mettre son drapeau dans sa poche. Eh bien, cette unité morale, je crois qu'elle est mieux réalisée dans l'unité coopérative qu'en formant des groupes séparés luttant peut-être les uns contre les autres.

En effet, avant de faire de la philosophie, avant de faire de la théorie, il faut vivre et le coopératisme ne peut vivre que d'une façon, en réunissant les forces de tous les consommateurs sans exception, et quand je dis de *tous* les consommateurs, c'est dire qu'il faut absolument faire l'unité. Si vous voulez ériger l'édifice coopératif, il faut réunir les consommateurs, il faut les organiser, il faut leur donner conscience de leur force, afin qu'ils puissent réaliser le but coopératif, qui est essentiellement anti-capitaliste. Et c'est dans l'anti-capitalisme que réside l'unité morale du mouvement. (*Applaudissements.*)

Nous autres, socialistes, nous savons que le prolétariat est exploité, d'abord dans sa force de travail ; lorsqu'il vend sa force de travail, ce n'est pas lui qui impose les conditions de cette vente, mais c'est au contraire l'acheteur qui lui impose ses conditions et qui l'exploite. Mais le prolétaire n'est pas seulement exploité dans sa force de travail, il est aussi exploité dans sa force d'achat et lorsqu'il veut porter sur le marché le salaire si durement gagné, là encore le capital commercial intervient pour tirer de ce salaire des profits, qui, légitimement, devraient rester à l'ouvrier.

Or, lorsque l'ouvrier veut résister au capital industriel, lorsqu'il veut faire cesser l'exploitation de la force de travail, cela ne lui est pas facile ; mais lorsqu'il veut faire cesser l'exploitation de la force d'achat, cela lui est bien plus facile, car il peut apporter sa force d'achat où il veut, il peut concentrer sa force d'achat dans les coopératives, il peut échapper dès aujourd'hui à l'exploitation de sa force d'achat. Et c'est pour cela qu'il doit fonder des coopératives.

Par les coopératives de consommation, il arrivera à la production, les premières étant la base des secondes. Lorsque vous aurez réuni vos forces de consommation, vous réussirez ensuite à échapper à l'exploitation de votre force de travail et vous arriverez ainsi à l'entreprise collective générale englobant tous les consommateurs et tous les producteurs à deux titres divers, chacun étant à la fois un chef de la collectivité en sa qualité de consommateur et un serviteur de cette collectivité en sa qualité de producteur. (*Applaudissements.*)

Vous pouvez ainsi réaliser une vaste unité anti-capitaliste : la vaste unité coopérative que vous voulez fonder aujourd'hui. Les socialistes doivent donc à leurs principes de faire l'unité coopérative.

Vous allez construire un vaste bâtiment, un grand édifice coopératif. Vous êtes tous d'accord sur le plan de ce palais, vous êtes d'accord sur la disposition de ses différentes salles, sur leur usage. vous êtes d'accord même sur le dessin de la façade. Par conséquent, il est bien indifférent de savoir si vous voulez mettre une inscription sur le fronton, ou si vous voulez n'en pas mettre. On pourrait même dire que chacun sera peut-être libre de placer à sa fenêtre un drapeau à sa couleur et qu'ainsi, vous donnerez à cet édifice unitaire un aspect un peu plus coquet et un peu plus varié. (*Rires et applaudissements.*)

Chers camarades coopérateurs, je crois que vous pouvez plus facilement encore que chez nous réaliser l'unité. Je dois vous rappeler que je viens d'un pays où on change de langue, de religion. de milieu social chaque fois qu'on parcourt quelques kilomètres : vous passez d'un village qui parle français à un village qui parle allemand; vous passez d'un centre industriel à un centre agricole; vous passez d'une paroisse protestante à une paroisse catholique ; vous passez d'une grande station internation balnéaire où se trouve rassemblé tout le luxe du monde cosmopolite à quelque vallée où les mœurs sont restées primitives... Eh bien, dans ce pays si divers, si incroyablement varié, où il semblerait que tout dût diverger d'un endroit à l'autre, nous avons toujours maintenu l'unité coopérative. A combien plus forte raison pouvez-vous réaliser cette unité dans un pays qui, comme la France, est un pays fortement unifié !

Et vous possédez en France un élément de succès qui manque trop souvent à l'étranger. Je visitais, il y a quelques jours les coopératives parisiennes; j'ai parlé avec nombre de vos militants et j'ai toujours été frappé de ce qu'il y a chez vous d'esprit de sacrifice, d'esprit de dévouement, d'esprit de désintéresse-

ment, et je dois vous le dire — sans vouloir vous faire des
éloges exagérés — à un plus fort degré qu'à l'étranger. Eh bien,
c'est là une arme capitale dans la lutte que vous allez poursuivre
pour le développement du mouvement coopératif et pour vaincre
le capitalisme. Car, en effet, si un chef de trust s'adresse à
d'autres chefs de trusts pour combiner leurs efforts, il ne pourra
jamais faire appel qu'aux millions ; tandis que vous, dans votre
lutte contre le capitalisme, vous pouvez continuellement faire
appel aux bons sentiments de chacun, au cœur de chacun et cela
vous donnera une force énorme dans la lutte que vous avez à
livrer.

Il est évident que l'unité faite, vous aurez des difficultés : il y
en a partout. Vous aurez des difficultés internes. Chez vous,
comme à l'étranger, il y a un problème qui se pose, problème
important pour l'avenir de la coopération : je veux parler des
relations entre les coopératives et leurs employés. Ce problème
n'est pas encore résolu, il n'est résolu nulle part. Dans la solution que vous donnerez à cette question, vous aurez à veiller,
d'une part à ce que les employés ne forment pas un corps privi-
légié, propriétaire et bénéficiaire de la coopérative, car ce sont
tous les consommateurs réunis qui doivent être ses propriétaires
et ses bénéficiaires. Mais, d'autre part, vous devrez veiller également à ce que ces employés de coopérative ne soient pas exploi-
tés, qu'ils ne forment pas un corps hostile aux coopératives, mais
au contraire intéressé à leur développement. Quand vous aurez
réussi à concilier ces deux contrastes, je crois que vous aurez
rendu un service immense à la coopération.

Et puis, dans la lutte à l'extérieur, contre les sociétés à succursales multiples, contre tous ces organismes divers qui cherchent à exploiter les acheteurs, vous aurez à examiner leur
méthode administrative, leur méthode de contrôle, à y prendre ce
qui nous convient en évitant toujours de tomber dans le capitalisme, c'est-à-dire d'exploiter qui que ce soit. Vous n'adopterez
ces méthodes que dans la mesure où elles n'exploitent ni le
consommateur, ni l'employé. Voilà les deux problèmes que vous
aurez certainement à résoudre et qui vous donneront beaucoup
de difficultés.

En terminant, chers camarades, je voudrais encore vous dire
ceci : il y a sur vos monnaies, sur vos timbres-poste, une image :
la Semeuse, qui m'a toujours paru l'image symbolique la plus
exacte qu'on puisse donner de la France : la France semant au

soleil levant de la liberté et de la justice... Vous avez toujours été des semeurs d'idées. Le monde vous doit nombre d'idées nobles et fécondes. Et parmi tous ces semeurs, il en est un que je voudrais vous rappeler. Je veux parler de Fourier. Si vous lisez son œuvre, vous noterez bientôt une idée qui entre peu à peu dans l'esprit, qu'il semble enfoncer peu à peu dans le cerveau et cette idée qui domine toute l'œuvre de Fourier est l'idée d'unité.

Et comment entendait-il cette unité?

Ah! d'habitude, lorsqu'on est en face de divers organismes, en face de contrastes et qu'on veut les concilier, les combiner, on cherche une moyenne : on demande à chacun d'abandonner une partie de ses idées, on cherche à réaliser quelque cote mal taillée, satisfaisant en partie chacun.

Eh bien, Fourier ne voyait pas l'unité sous cet aspect. Il l'entendait comme on entend, par exemple, en chimie la combinaison de deux corps possédant des propriétés différentes; il se produit un corps nouveau avec des propriétés nouvelles, dans lequel les deux corps anciens ont complètement disparu, ont été complètement absorbés. Fourier entendait réunir toutes les qualités des deux corps anciens et fondre toutes ces qualités en apparence antagonistes, divergentes, en une unité supérieure.

C'est de cette façon que vous devez réaliser l'unité et c'est sous l'égide de Fourier que je voudrais placer cette assemblée. C'est en pensant à Fourier que je vous souhaite très cordialement, au nom des coopérateurs suisses, de consacrer définitivement l'unité. Et alors, nous verrons la France coopérative reprendre le rôle capital qu'elle a joué dans le monde coopératif, un rôle correspondant à son importance économique et morale. (*Applaudissements.*)

SERWY, délégué de la *Fédération Coopérative belge.*

Citoyens et chers Camarades,

Les coopérateurs socialistes belges ont appris avec le plus grand plaisir le vote des Congrès de Roanne et de Paris. L'unité est faite et le Congrès d'aujourd'hui va la consacrer. Il y a dix ans que l'unité est dans nos aspirations. Nous nous en réjouissons, parce qu'elle permettra de donner à votre mouvement une plus grande extension et une ascension plus rapide. Nous sommes pour l'Unité coopérative comme, depuis longtemps, nous avons été pour l'unité socialiste en France.

Nous pensions nous en tenir à cette simple déclaration si, lors de votre dernier Congrès de Paris, nous n'avions pas eu l'honneur, nous, coopérateurs socialistes belges, d'être un peu à l'ordre du jour de ces débats.

Notre camarade Samson, de Lille, rappelait notamment la filiation du mouvement coopératif dans le Nord et le Pas-de-Calais et son analogie avec le mouvement coopératif belge... Oui, notre camarade du Nord, nos camarades du Pas-de-Calais ont raison de déclarer qu'ils ont appris que c'est en Belgique que les socialistes de tous les pays ont peu à peu été conquis à l'idée coopérative, à l'exemple du Vooruit de Gand. Mais nos amis de cette région de la France n'ont pas cependant exactement la même conception que les socialistes coopérateurs belges. Nous attachons, nous, à l'organisation coopérative la même importance qu'à l'organisation politique et qu'à l'action syndicale. La coopération n'est pas placée en Belgique sous la tutelle d'un parti. Elle a son mouvement propre, son autonomie propre. Jamais le Parti Ouvrier belge n'a obligé les coopératives à verser au Parti : ce fût de tout temps une faculté; elles versaient librement au parti politique pour le soutien de l'action des grèves, de la presse. Notre mouvement coopératif, comme l'ensemble de notre mouvement ouvrier, trouve ses caractères particuliers dans une situation économique et politique spéciale. L'affiliation au Parti, qui est la règle naturelle en Belgique, ne saurait être considérée par nous que comme une simple question de tactique et Vandervelde, dans son dernier volume sur la *Coopération neutre et socialiste* déclare être également de la même opinion ; lui aussi déclare que c'est une simple question de tactique.

Notre conception de la coopération n'est pas exactement la vôtre, mais nous pensons que, dans ses lignes générales, comme nous, vous êtes décidés à vous servir de la coopération contre le capitalisme et à lui substituer une Société où la rente, le profit et les bénéfices seront de vains mots. Nous pensons, avec les Congrès de Copenhague et de Hambourg, que la coopération ne se suffit pas à elle-même et avec notre président de l'Alliance Coopérative Internationale, M. Maxwell, nous n'oublions pas non plus qu'il y a d'autres forces avec lesquelles l'entente est indispensable pour assurer le triomphe du règne du consommateur, pour créer la république coopérative.

2

C'est pourquoi nous sommes heureux de saluer l'unité coopérative en France. Au moment de constituer cette nouvelle Fédération, nous ne pouvons nous empêcher de nous rappeler le souvenir de l'ancienne Bourse coopérative socialiste, qui a travaillé si utilement à l'œuvre coopérative, et qui, par son influence sur le prolétariat prépara l'entente entre socialistes et coopérateurs... Ne disons pas trop de mal du passé : il a à son actif d'éloquents et de réjouissants résultats. Tout votre mouvement actuel n'en sort-il pas ?

Nous aurions voulu voir dans ce Congrès nos amis du Nord et tout le Pas-de-Calais, nous aurions voulu les voir entrer dans la nouvelle organisation, car l'heure des malentendus doit être passée pour le prolétariat. Le capitalisme, partout et dans tous les domaines, se dresse uni contre la classe ouvrière. L'unité coopérative doit se réaliser comme l'unité politique, comme l'unité syndicale, afin de préparer l'unité prolétarienne et, pour notre part, nous nous emploierons, si cela ne peut être fait par ce Congrès, du moins par un prochain, à amener nos amis du Nord à rejoindre l'unité coopérative en France.

Je termine en disant : Vive l'Unité coopérative, acheminement de l'unité prolétarienne ! (*Applaudissements.*)

Van der Mandere, délégué de l'*Union Hollandaise.*

Monsieur le Président, Messieurs,

Il me faut bien l'avouer, je suis quelque peu gêné en ce moment; car, avant de partir de La Haye, j'avais préparé, comme tous mes camarades étrangers, un speech et même très long et j'avais l'intention de vous ennuyer quelques instants en le lisant ici. Or, par une erreur semblable à celle que notre camarade Daudé-Bancel a commise hier soir au sujet de ses projections lumineuses, je l'ai perdu (*Rires*) et il me faut cependant ici prendre la parole quelque peu sans préparation et il me faut bien abuser grandement de votre indulgence, en m'entendant maltraiter la langue si belle qu'est la langue française, cette langue que j'aime beaucoup plus à lire dans un de vos livres que de me l'entendre parler moi-même en ce moment. (*Nouveaux rires.*)

Mais vraiment, Monsieur le Président, je serais bien désolé si, dans cette journée, il manquait les félicitations des hollandais pour l'unité coopérative française et c'est parce que je suis chargé de la tâche agréable et honorée de vous les apporter, que je veux prendre ici la parole et que j'espère que je dirai les choses de façon à ce que vous puissiez les comprendre.

Monsieur le Président, il me semble que cette journée-ci est pour les coopérateurs français une journée très importante et que c'est pour les coopérateurs étrangers une journée de réjouissance : réjouissance, il me semble pour trois raisons : d'abord parce que tous, nous, étrangers, nous aimons la France et parce que nous tous, coopérateurs étrangers, nous aimons les coopérateurs français et parce qu'il nous semble que la coopération français peut alors seulement être grande et peut seulement avoir la place qui lui appartient dans la coopération des grands Etats européens quand elle sera unie, quand il y aura une Unité coopérative française.

En second lieu, Monsieur le Président, parce qu'il me semble aussi que plus il y a dans un pays de mouvement coopératif, plus ce pays est armé contre les abus qui peuvent provoquer une guerre et parce que nous avons tous le sentiment que si la France veut bien nous aider à éviter la guerre, il sera bien impossible à l'Europe de faire cette guerre. (*Vifs applaudissements.*)

Je crois que l'Unité coopérative française de même que toute unité coopérative pourra mieux travailler à la cause de la paix que tous les palais de la paix, tel que celui de La Haye.

En troisième lieu, il me semble que nous sommes en présence d'une journée de réjouissance pour les coopérateurs étrangers qui sont assemblés ici parce que, dans toute honnête famille on voit volontiers que le petit-fils agisse de telle manière que si le grand-père vivait encore il serait satisfait de ce que fait son petit-fils. Et, n'est-ce pas, Monsieur le Président, je crois bien que le grand-père de tous les coopérateurs dans le monde, c'est les Pionniers de Rochdale, qui sont bien d'origine anglaise, mais qui sont à l'heure actuelle pour ainsi dire de propriété cosmopolite... (*Rires.*) Je crois bien que ces Pionniers de Rochdale seront bien satisfaits de cette journée d'unité et que ce sera une journée de réjouissances pour eux.

Or, Monsieur le Président, c'est avec une bien grande hésitation que j'ai pris la parole, parce que je viens d'un pays non pas seulement petit — car il n'y a pas dans la coopération de petits et de grands Etats — mais parce que je viens d'un pays dont je ne peux pas encore dire qu'il jouit du bonheur de l'Unité

coopérative. Il y a là, non pas peut-être tout à fait une question
de principe pour les Hollandais, mais comme vous le savez, le
Hollandais est un homme très prudent ; il n'aime les nouveautés
que seulement lorsqu'il les a vues utilisées par les autres...
(Rires.)

Monsieur le Président, vous savez que partout dans le monde
il y avait déjà des vélocipèdes quand nous en avons importé
quelques-uns en Hollande ; mais il me faut bien dire que quand
ils y ont été importés, ils étaient très perfectionnés ; de même
alors qu'il y avait partout des automobiles qui, évidemment,
occasionnaient parfois des pannes, on en riait en Hollande. Mais
maintenant que les automobiles sont perfectionnés, comme on
ne peut plus voir de pannes, nous les avons en Hollande en
aussi grand nombre que chez vous. De même, nous n'avons pas
encore nos lois sociales ; mais je suis sûr que quand nous aurons
nos lois sociales comme en Allemagne, comme en France, comme
en Angleterre, nous aurons les lois sociales les plus perfection-
nées ; seulement je crains que nous ne les ayons un peu trop
tard. (Rires.)

Et c'est pour cela aussi, Monsieur le Président, qu'il me semble bien que l'Unité coopérative en Hollande ne se fait pas
encore parce que la Hollande veut voir l'exemple d'un pays qui
n'a pas toujours jouit du bonheur de l'Unité, pour voir comment
ce pays se comporte avec elle. Alors, ce n'est pas seulement
avec un sentiment d'altruisme, mais d'égoïsme qu'en ma qualité
de délégué hollandais, je vous apporte ici les félicitations les plus
sincères pour l'Unité française ; car plus cette unité sera prospère
et sera grande, plus cette unité prouvera que sans elle il n'y
aurait pas de vrai mouvement coopératif ; que sans cette unité
il ne serait pas possible de rendre juste la parole des Pionniers
de Rochdale : Chacun pour tous et tous pour chacun.

Ainsi, Monsieur le Président, plus l'Unité française prouvera
cela, plus nous pourrons espérer que nous aurons vite l'unité
coopérative en Hollande. J'espère donc que l'Unité française
sera prospère, sera grande, et que bientôt la France aura conquis parmi les Etats européens, au point de vue coopératif, le
rang qui lui appartient. (Vifs applaudissements.)

BRIAT, *secrétaire de la Chambre Consultative des Associations ouvrières de production.*

Chers Camarades,

Je dois à ma qualité de coopérateur de production le plaisir d'être aujourd'hui parmi vous et d'applaudir à l'Unité de la consommation. Je n'oublie pas que, coopérateur-producteur, je suis aussi depuis de longues années un coopérateur de consommation. Je me réjouis à un double titre de l'Unité de la consommation en France.

En effet, on se demandait depuis longtemps pourquoi les groupements centraux n'étaient pas unis.

Dans nos Coopératives de consommation on ne demande pas au sociétaire quelle est sa façon de penser au point de vue politique ou philosophique. On admet dans nos Sociétés tous les consommateurs. On ne comprenait pas cette division à la tête qui faisait que les Coopératives de consommation ne progressaient pas. Aujourd'hui, grâce aux efforts d'hommes comme Ch. Gide, de Boyve, Héliès et d'autres, nous allons avoir le plaisir, nous coopérateurs de production, de constater l'Unité de la consommation. Nous nous rappelons que nous sommes vos anciens en France. Notre pays a commencé par la production. C'est en 1831 que la première Société s'est créée.

Mais nous devons constater aussi qu'il y a dans la production beaucoup plus de difficultés pour réussir et s'affranchir du salariat qu'il n'y en a dans la consommation. Nous espérons que l'Unité de cette dernière apportera une force nouvelle à nos Sociétés de production. De cette union, nous espérons aussi qu'il sortira de nombreux enfants qui iront dans toute la France défendre les idées de la coopération et que dans tous les villages où il ne sera pas possible de former des Sociétés de consommation, pénétreront des représentants des grandes Sociétés qui feront la concurrence aux grands établissements industriels et commerciaux.

Voilà pourquoi, au nom de la Chambre Consultative, au nom de tous les camarades coopérateurs de production, nous nous réjouissons. Ces deux jours de Congrès vont consacrer l'Unité et, dans un temps qui ne sera pas très éloigné, nos camarades des Sociétés socialistes du Nord se réuniront à vous. C'est par la force et l'Unité de toute la consommation que nous pourrons vaincre le capital, que nous pourrons donner à nos Sociétés un élan nouveau. De même, quand vous créerez un organisme de production dans vos établissements, vous assurerez sans nul doute à vos salariés les meilleures conditions d'hygiène, les meilleurs salaires; vous leur donnerez le maximum de ce qu'ils peuvent gagner, de manière à dire que l'ouvrier qui devient patron dans la consommation est un excellent patron et je suis convaincu d'avance qu'il n'y aura pas de difficulté avec les salariés de la consommation comme il y a des difficultés avec les salariés du patronat.

Voilà pourquoi je bois à l'Unité de la consommation et à l'espoir que d'ici peu nous verrons tous nos camarades des Coopératives du Nord réunis et marchant la main dans la main avec les autres, dans l'intérêt de la Coopération.

D'un autre côté, plus nous serons groupés sur tous les terrains, politique, syndical, coopératif, plus nous aurons de chance d'éviter les conflits internationaux, de mettre un terme à ces guerres intestines qui viennent détruire le meilleur des énergies et plus nous pourrons travailler dans la paix à l'avenir de l'humanité. (*Vifs applaudissements.*)

Ch. GIDE. — Messieurs et chers camarades.

Je voudrais pouvoir remercier individuellement chacun des délégués étrangers et chacun dans sa langue. Malheureusement, cela m'est impossible, faute de temps et des connaissances nécessaires. Mais Albert Thomas veut bien répondre en allemand aux délégués allemands, et de Boyve en anglais, aux délégués anglais, afin que nos remerciements arrivent plus chauds de nos cœurs aux leurs. Et puis, je terminerai par un remerciement collectif.

Albert Thomas et E. de Boyve remencient en allemand et en anglais les délégués étrangers aux applaudissements de l'Assemblée.

Ch. GIDE. — Nous vous sommes tout particulièrement reconnaissants d'être venus en si grand nombre à cette époque de l'année. Nous savons que c'est celle où un déplacement a dû vous coûter le plus. Nous savons quelle est la place qu'en Angleterre, en Allemagne, en Suisse, en Hollande, tient la fête de Noël, le Christmas : nous savons que c'est l'heure où l'arbre de Noël réunit autour de ses bougies tous vos enfants.

Vous les avez quittés pourtant vos enfants et vos familles, pour venir à notre grande famille coopérative.

Nous voici, en effet, à l'époque où ceux qui croient, et même ceux qui ne croient pas, célèbrent le jour où les Rois Mages sont venus, les mains pleines de présents pour un nouveau-né; ils apportaient l'or, tribut à la royauté, l'encens, hommage à la divinité, la myrrhe, symbole du sacrifice. Vous, aussi, vous êtes venus pour une nativité, et, comme les Rois Mages, les mains pleines de présents. La Fédération qui vient de naître est un peu votre fille, car c'est bien à vous qu'elle doit le jour. Vous ne lui apportez pas les mêmes présents, car elle n'a pas les mêmes titres à les recevoir : trop modeste pour accepter l'hommage de l'or ou de l'encens, elle espère n'avoir pas besoin de myrrhe pour être embaumée... (*Rires*). Mais elle a besoin de vœux affectueux et cordiaux et ce sont ces vœux que vous lui apportez aujourd'hui.

Le Français a besoin de cela : le Français, pour donner tout ce qu'il a, a besoin de se sentir aimé. Eh bien, il se sent aimé quand chaque année vous venez lui apporter vos vœux et vos souhaits. En faisant l'éducation de notre fille, la Fédération nouvelle, nous lui apprendrons à vous aimer, à vous aimer tous sans distinction et sans réserve de peuples (*Vifs applaudissements.*) Nous lui apprendrons à être internationale et nous tâcherons de lui rendre dans l'Alliance Coopérative Internationale, le rang auquel la France a droit par le rôle qu'ele a joué dans l'histoire du socialisme et dans celle de la coopération. (*Applaudissements.*)

Je donne la parole à Poisson.

POISSON. — Camarades,

Je n'ai pas de discours à faire. Je viens simplement, au nom de la Commission unitaire et en votre nom à tous, j'en suis convaincu, remercier nos camarades de Tours pour l'excellente réception qu'ils viennent de nous offrir au début de notre Congrès. (*Applaudissements.*)

Dimanche 29 Décembre 1912 (après-midi).

Poisson. — Au nom de la Commission unitaire, je déclare le Congrès de l'Unité ouvert.

Je vous demande de bien vouloir ratifier pour cette première séance le Bureau suivant :

Notre camarade Barrault, président de la Coopérative de gros, comme président ; nos camarades Collon et Meaux, des organisations tourangelles, comme assesseurs. Je prie le camarade Bruckère, de la Fédération de la Région parisienne, s'il est dans la salle, de bien vouloir nous servir de secrétaire. (*Adopté.*)

La première question qui se pose est de nommer une Commission de vérification des mandats.

A mon avis, le plus simple serait de s'en remettre à la Commission unitaire et de joindre quelques camarades du Congrès, trois ou cinq.

La Commission de vérification des mandats aura un travail important ; elle pourra rapporter demain matin, et nous commencerons tout de suite la discussion des Statuts.

Cazeaux, Bernard-Lavergne, Huberty, Gentilhomme, Rocher, Martinot, Jewais, des Ardennes, sont membres de la Commission de vérification des mandats.

Les réclamations à faire sur la vérification des mandats doivent être remises au président de la Commission.

Le Président. — La parole est au rapporteur pour les amendements sur la rédaction générale des Statuts.

Poisson. — La Commission vous propose de discuter article par article, tel qu'on vous l'a présenté, le projet de Statuts.

Nous n'avons pas à discuter le pacte d'unité qui est la base même de la représentation à ce Congrès ; nous suivrons l'ordre des numéros du projet de Statuts. Je propose au Congrès, au nom de la Commission unitaire, d'accepter cet ordre. (*Adopté.*)

Alf. Nast. — Voici l'article premier :

Article premier. — Entre toutes les Sociétés coopératives de consommation françaises adhérentes aux présents Statuts, il est constitué une Association qui prend le titre de : *Fédération nationale des Coopératives de Consommation,* organe d'émancipation des travailleurs.

Nous avons reçu un certain nombre d'amendements.

Le premier amendement concerne un changement de titre présenté par la Fédération des Coopératives du Pas-de-Calais, qui propose pour l'organisme nouveau le titre de Confédération des Coopératives de consommation.

En ce qui concerne le titre de la Fédération, il fait partie intégrante du pacte d'unité; par conséquent, on ne peut le reprendre.

En second lieu, l'amendement de l'*Avenir de Plaisance* demande qu'on remplace les mots « adhérentes aux présents Statuts » par ceux-ci: « les Coopératives remplissant les conditions exposées aux présents Statuts ». Cela signifie la même chose au point de vue juridique; il n'y a aucune raison de modifier un texte que vous avez déjà entre les mains.

Il ne reste plus qu'à donner la parole aux auteurs de ces amendements pour les développer.

BUGUET. — Je suis absolument d'accord avec le rapporteur de la Commission d'Unité; mais nous avons cru qu'il était nécessaire de préciser exactement, et c'est seulement un désir de précision qui nous a fait déposer cet amendement; il n'y a pas autre chose; le rapporteur a parfaitement raison.

BASSAND. — Au nom de la *Lutèce Sociale*, je voudrais présenter quelques observations sur le premier paragraphe qui traite du titre et du sous-titre de la nouvelle organisation.

D'abord, quant au titre « Fédération », qui peut prêter à confusion, parce qu'il y en aura de « nationale » et de « régionale », nous demandons qu'il soit modifié et remplacé par celui de « Confédération ».

Quant au sous-titre, la *Lutèce* pense qu'il faut se prononcer nettement sur cette désignation: « organe d'émancipation des travailleurs ». Nous estimons que la Fédération n'a pas cette qualité ni cette puissance; elle demande à lui substituer les mots de « moyen d'organisation des travailleurs ». Il y a là, vous le sentez, une distinction de principe. Il est possible qu'il y ait des travailleurs qui puissent croire que la coopération est un organe d'émancipation, mais il en est d'autres qui croient que c'est un simple moyen entre les mains des travailleurs pour s'organiser.

En acceptant cette modification, tout le monde pourrait y trouver satisfaction. Ce serait un terrain d'entente.

LE PRÉSIDENT. — Etant donné qu'il n'y a pas d'autre amendement déposé que les deux dont il vous a été donné lecture:

et au sujet desquels la Commission vous a donné ses·explications, je mets aux voix l'article premier tel qu'il vous est proposé.

LE RAPPORTEUR. — Nous ne pouvons pas, dans ce Congrès, revenir sur les choses comprises dans le pacte d'Unité. C'est une question de bonne foi, car deux Congrès, tenus à Paris et à Roanne, ont voté ce pacte d'Unité ; je pose donc cela à titre non seulement de méthode, mais encore de principe. D'ailleurs, sur la différence entre l'organe et le moyen, si on avait du temps à perdre, on pourrait discuter ; il n'y a pas lieu de le faire, parce que organe et moyen, c'est la même chose. Je le répète, il s'agit de savoir si en principe nous devons, au lendemain d'une entente commune sur le pacte, admettre qu'on pourra renverser ce pacte aujourd'hui. Encore une fois, c'est une question de bonne foi, qui est fondamentale. Il y a lieu de passer à l'ordre du jour.

En ce qui concerne les articles insérés dans le pacte d'Unité, qui ont été reproduits dans les Statuts, il n'est pas nécessaire d'insister. Je vous demande de voter l'article premier tel qu'il est présenté.

LE PRÉSIDENT. — Sous le bénéfice de ces observations, je mets aux voix l'article premier.

L'article premier est adopté. (*Applaudissements.*)

LE RAPPORTEUR donne lecture de l'article 2 :

ART. 2. — La Fédération nationale a pour but :

a) Le groupement et l'organisation des Sociétés de consommation constituées d'après la déclaration de principe de l'Unité, en vue de la défense de leurs intérêts communs par la réunion de leurs forces et de leurs activités.

b) Le développement et la prospérité de la coopération en——— —-
France.

c) La sauvegarde des consommateurs en général.

Sur cet article, un amendement a été déposé par l'*Avenir de Plaisance*, demandant à éliminer les Sociétés qui n'admettent que les ouvriers ou les employés d'une seule corporation ou d'un seul établissement.

Vous me permettrez de vous dire ce que la Commission pense de cet amendement.

Au point de vue coopératif, le fond est indiscutablement juste ; mais je crois préférable de le renvoyer à la liste des amendements additionnels que nous exposerons à la suite des Statuts actuels, et parmi lesquels il y a une motion faisant allusion à la nécessité d'ouvrir largement les Coopératives. C'est simplement une question d'ordre et de méthode.

Je vous demande de ne pas maintenir l'amendement sur l'art. 2 et de le renvoyer aux motions additionnelles à la fin des Statuts.

Thomas. — J'ai déposé l'amendement suivant: je propose d'ajouter à l'art. 2, après l'énumération des trois alinéas *a, b, c,* deux alinéas que j'emprunte au pacte d'Unité; vous mettriez après « *e* », « *d* » :

« La substitution au régime compétitif et capitaliste actuel d'un régime où la production sera organisée...

«...et non en vue d'un profit »...

« ...la richesse qu'ils ont créée ».

Ce que je demande, en somme, c'est que dans les Statuts, article par article, paragraphe par paragraphe, à l'heure où nous allons définir notre action quotidienne, les principes soient rappelés et que dans les Statuts mêmes, comme règle d'action quotidienne, comme la réforme générale commune adoptée par la Commission d'Unité, cela soit rappelé comme une règle d'action. (*Applaudissements.*)

Le Rapporteur. — Le rapporteur ne voit aucun inconvénient à reproduire dans les Statuts, suivant la proposition de Thomas au nom de la *Semeuse,* de Carpentras, des articles qui se trouvent dans le pacte d'Unité.

Bassand. — Je voudrais savoir si, oui ou non, l'article est intangible; s'il est modifiable ou non; qu'on ne vienne pas nous imposer l'intangibilité à chaque instant, ou nous n'avons rien à faire ici. Peut-on modifier le deuxième paragraphe ?

Le Rapporteur. — Dans la mesure où cela n'est pas contrarié au pacte d'Unité; la proposition Thomas n'est pas contraire, puisque c'est le pacte lui-même.

Le Président. — C'est le sens d'un article en lui-même qui peut être conforme ou contraire au pacte de l'Unité, et, par voie de conséquence, c'est l'amendement proposé sur cet article qui peut être conforme ou contraire au pacte d'Unité. C'est la Commission ou le Congrès qui en sera juge.

Lorsque la Commission dit qu'un amendement proposé lui paraît contraire au pacte d'Unité, elle exprime son opinion en tant que Commission et le Congrès se prononce...

BASSAND. — Le Congrès est souverain.

Le troisième paragraphe, d'après la *Lutèce Sociale*, vise la sauvegarde des consommateurs en général. Le consommateur peut être intéressant, cela dépend du point de vue. Le tout est de considérer le nôtre. La défense des intérêts des consommateurs « en général » appelle une réserve; il peut y avoir des consommateurs intéressants et d'autres qui ne le sont pas. Comme la Société est constituée avec des classes entre lesquelles il y a des fossés très profonds, venir proclamer qu'il est indispensable de défendre les intérêts de « tous » les consommateurs, alors que nous avons en face de nous dans la Société actuelle des adversaires irréductibles, est une doctrine contre laquelle nous nous élevons. Il y a nécessité à sélectionner ces consommateurs: ce terme ne peut donc avoir notre sympathie et nous demandons son remplacement par celui de « travailleurs organisés ».

J'en appelle aux militants organisés sous la triple action et je leur demande de définir nettement la coopération: si elle est destinée à être le rempart de la classe ouvrière organisée ou à améliorer la situation matérielle de tous les consommateurs, depuis Rothschild et toute la haute finance, jusqu'au dernier des classes les plus malheureuses.

LEVASSEUR. — Il y a confusion dans l'esprit de notre camarade Bassand sur le mode de discussion adopté.

Le Congrès a, en effet, décidé, par un vote unanime, que la discussion ne se ferait que sur les amendements déposés avant l'ouverture de cette discussion.

Il entendait par là indiquer que les articles sur lesquels des amendements n'étaient pas déposés étaient adoptés par avance, puisqu'il fixait en même temps un délai pour le dépôt des amendements sur le bureau; cela ressort d'ailleurs des explications échangées avant le vote.

Bassand se trompe; on ne lui refuse pas de parler sur un amendement mais sur un article des Statuts pour lequel aucun amendement n'a été déposé.

On respecte ainsi dans sa lettre et dans son esprit la décision du Congrès.

Il ne faut pas qu'on déclare ici qu'on veut étrangler la discussion alors que c'est le Congrès lui-même, dans sa pleine indépendance, qui a fixé sa méthode de travail.

BASSAND. — Nous demandons la suppression pure et simple du paragraphe 3.

LE PRÉSIDENT. — Cela constituerait un amendement à l'article 2.

Je le mets donc aux voix avec l'addition Thomas.

BASSAND. — On demande la division.

POISSON. — Je demande que le président mette aux voix le paragraphe 3 de l'article 2 sur lequel il y a une proposition de suppression : le reste est accepté par tout le monde. La Commission et le rapporteur s'opposent au retrait du paragraphe 3 et demandent au Congrès de le voter.

LE PRÉSIDENT. — Je mets aux voix le paragraphe c de l'article 2. (*Adopté avec l'amendement de Thomas.*)

LE RAPPORTEUR. — Nous passons à l'article 3 :

ART. 3. — La Fédération nationale cherche à atteindre ces buts :

a) Par la publictaion d'organes de presse, l'élaboration de statistiques, l'édition de publications en vue du perfectionnement de l'organisation et de l'extension de la sphère d'activité des Sociétés adhérentes.

b) Par l'établissement de rapports suivis avec les Unions coopératives nationales étrangères et l'Alliance Coopérative Internationale.

c) Par un service juridique, les conseils accordés aux Sociétés adhérentes dans ce qui intéresse leur activité coopérative, ainsi que l'organisation de cours d'enseignement coopératif.

d) En prêtant son appui à la création de nouvelles Sociétés de consommation et en vulgarisant les principes de la coopération.

Sur cet article, il y a, sur le quatrième paragraphe, un amendement important proposé par la Fédération coopérative de Tours et la *Ruche Tourangelle*. Il s'agirait d'ajouter au quatrième paragraphe : « en prêtant son appui à la création de nouvelles Sociétés de coopération dans les localités où il n'en existe pas ». (*Approbation.*)

Je dois dire qu'au point de vue des principes coopératifs, l'amendement proposé par les Sociétés de Tours est absolument conforme aux méthodes qui doivent prédominer dans l'avenir.

Vous verrez à la fin de la lecture de ces Statuts que, parmi les motions additionnelles, il y en a un certain nombre qui s'inspirent de ce même état d'esprit. Par conséquent, je vous demande, en ce qui concerne le principe même à insérer dans ce sens, de bien vouloir renvoyer l'étude de cette question aux motions additionnelles. Mais je ne crois pas que, dès maintenant, il soit nécessaire et même opportun de décider l'introduction de cette motion dans l'article 3 de notre projet de Statuts, car si la motion additionnelle suivant laquelle le nombre des Coopératives devrait se limiter à une par localité vient en discussion et est admise à la fin des Statuts, l'ensemble des Statuts que nous adopterons devra être interprété de telle manière que nous donnions satisfaction à cette motion.

Je vous demande, au point de vue de la méthode de travail, je demande à la *Ruche Tourangelle* et à la Fédération de Tours de bien vouloir ajourner cet amendement au moment où nous examinerons les motions additionnelles.

Collon. — Nous pensons que, puisque cet amendement sera utile pour l'avenir, il peut être utile pour le présent. Nous ne parlons pas de supprimer des Sociétés dans les localités où il en existe plusieurs ; nous demandons simplement que le Congrès ne donne pas son appui à la création de nouvelles Sociétés coopératives dans des localités où il en existe déjà.

Le respect des situations actuelles est légitime, mais ce que nous demandons, c'est qu'on ne puisse pas diviser les efforts, gaspiller les énergies dans des villes où des divisions se crée-raient par la naissance d'autres Coopératives. Nous avons trop souffert à Tours de ces divisions pour ne pas protester contre toute ambiguïté qui permettrait, dans d'autres villes, de faire naître ces mêmes divisions. (*Approbation.*)

Une Voix. — Même à Paris !

Le Rapporteur. — Nous sommes, sur le désir que vient de manifester notre camarade, d'accord avec lui, et, s'il m'était permis, je dirais que je lutte assez dans ce sens dans ma région. Mais je dis ceci au point de vue pratique immédiat: cette question est très grosse ; or, il y a une motion additionnelle proposée ; nous soumettrons cette motion au débat du Congrès, à la suite des Statuts actuels, et j'indique simplement cette question d'interprétation à Collon: si le Congrès, après avoir statué sur cette motion, admet le principe en question, il sera impossible que la

Fédération vienne faire une propagande en faveur de la création d'une seconde Société dans une localité où il en existerait déjà une. Nous pouvons donc voter l'article 3 tel qu'il est rédigé : il ne compromet en rien la situation que pourrait engager la motion additionnelle.

Le Président. — Après le rapporteur, je voudrais préciser que, dans ce moment-ci, sa position est exactement la suivante : il s'agit pour lui d'une motion d'ordre. Sur le principe, la Commission, par l'organe de ses membres, ne voit aucun inconvénient à l'addition proposée par l'amendement Collon ; seulement, ce que nous tenons à faire observer, c'est que le débat est embouteillé quant au fond, qu'il est lié à d'autres questions d'une façon très intime et que pour qu'il prenne toute son ampleur et soit discuté d'une façon convenable et, nous en avons l'espérance, pour que le Congrès lui donne la solution qui convient, il vaudrait mieux, étant donné que cela ne doit rien changer au sens de cette motion ou de l'article que nous avons voté, que nous votions cet article et qu'après avoir voté l'ensemble des articles, nous nous occupions des différentes questions additionnelles. Si nous étions d'accord là-dessus, nous pourrions passer outre.

Un Membre. — Est-ce que les questions additionnelles auront le même intérêt ?

Le Président. — Absolument ; si nous les appelons additionnelles, c'est pour les distinguer de cet ensemble de principes sur lequel est fait le pacte d'unité.

Sellier. — Vous dites qu'il n'y a pas d'inconvénient, mais il y en a ; vous mettez en cause les rapports des différentes Sociétés avec l'organe central, c'est la question que le Congrès veut réserver.

Le Président. — Je mets aux voix la question de l'opportunité de la discussion actuelle.

Svob. — On a l'intention de mener le débat d'une manière que je regrette. Sous le prétexte que l'Unité a décidé ou non, on fait voter ou on ne fait pas voter ; sous le prétexte qu'il y a des amendements additionnels, conditionnels que nous ne connaissons pas, on nous dit : silence pour l'instant, nous y reviendrons plus tard, et lorsque les Statuts auront été discutés.... (Interruptions.) Que voulez-vous que nous parlions des articles additionnels que vous connaissez, vous, Bureau, et que nous ne connaissons pas ? Je demande que la motion soit discutée sans tenir compte des motions additionnelles que le Congrès ne connaît pas. Je trouve étrange la manière de vouloir mener la discussion ; il faut que chacun dise ce qu'il pense et qu'on écoute ceux qui veulent parler. —

Lévy. — On a décidé que, si on ne pouvait proposer un amendement nouveau, on pouvait discuter sur ceux présentés. Il est présenté un amendement ayant pour but d'empêcher une Société de se constituer dans une localité où il en existe déjà ; ce qu'il est nécessaire de faire ressortir, c'est qu'il se pourrait qu'il y ait dans une localité une Société qui refuserait d'entrer dans l'organisme national et qu'il pourrait être utile, indispensable, d'en créer une à côté.

Sellier. — Il suffit de mettre un peu d'ordre dans la discussion. On a déposé un amendement sur l'article 3 qui définit d'une façon extrêmement générale le rôle de l'organisation coopérative ; il indique que le devoir de cette organisation est de faire de la propagande, sans discuter le point de savoir comment elle la fera. On peut considérer que l'amendement déposé n'est pas à sa place à l'article 3, mais à tel autre endroit des Statuts où on tranchera d'une façon définitive les rapports réciproques des différentes Sociétés. Vous dites : On ne devra pas faire de propagande pour créer une Société dans telle localité ; un autre camarade pourrait demander qu'on dise : la Société pourra avoir ses Statuts. De cette façon, vous voyez la différence entre ces questions de détail, et, contrairement à ce qu'on disait tout à l'heure, on n'escamote pas le débat en disant : Votre proposition est déposée, elle sera discutée, mais sa place n'est pas à l'article 3 et nous en ferons l'objet, avec une série de propositions identiques, d'une discussion d'ensemble, à la fin des Statuts et, si vous l'admettez, nous n'aurons qu'à ajouter aux Statuts un article qui vous donnera satisfaction.

Je ne vois pas ce qui peut émouvoir nos camarades dans cette façon de procéder, et je demande au Congrès de décider uniquement que la place de l'amendement indiqué n'est pas à l'article 3, mais qu'il y a lieu de revenir sur cet amendement, parce que cela ne soulève pas que cette question ; il y a la question des Fédérations locales dans leur constitution tout entière engagée dans le débat qui vous est soumis, et nous vous demandons de renvoyer la discussion à la fin des Statuts. (*Approbation.*)

Un Membre. — On met: « En prêtant son appui à la création de nouvelles Sociétés de consommation. » Cela prête à équivoque. Dans une localité de 1,000 à 2,000 habitants, il peut y avoir une Société qui marche bien; si, sous un prétexte ou un autre, un membre quitte cette Société et en crée une autre, qui ira à l'organe central, est-ce qu'il soutiendra cette Société ?

Le Président. — Nous n'avons pas à nous expliquer, alors que nous vous demandons de mettre de l'ordre dans la discussion, sur une question sur laquelle tout le monde est d'accord. Croyez bien que si la Commission de rédaction du pacte de l'Unité se trouvait en face d'un amendement déposé et qui soit en opposition avec ce vœu, on donnerait immédiatement la parole à tout orateur qui voudrait la prendre et on voterait immédiatement; mais c'est précisément parce que nous sommes d'accord en principe que nous demandons qu'on veuille bien remettre cela simplement pour le discuter plus tard.

Je crois que si nous sommes d'accord là-dessus nous pourrons rejeter à tout à l'heure le débat, et c'est dans le Congrès que vous aurez à décider les uns vis-à-vis des autres, et l'unanimité se fera sans doute sur les mesures que vous devez introduire, qui devront venir à la suite; autrement, il y aurait bien d'autres choses à discuter. Il y a tout l'avenir et toute la politique du mouvement coopératif, mais cela n'est pas à l'ordre du jour. (*Approbation; cris de: Aux voix !*)

Un Délégué. — Ou bien l'amendement Collon est à sa place ou il ne l'est pas; il ne faut qu'une seconde pour vous prononcer; si le bureau est d'accord, qu'on le vote.

Le Président. — Nous acceptons le renvoi.

(L'amendement Collon est renvoyé à la suite.)

Laforge (du Pas-de-Calais). — A la Fédération du Pas-de-Calais, nous avons vu avec intérêt la création d'écoles de coopérateurs; nous avons été heureux d'apprendre que les cours qui ont été organisés ont été suivis utilement et assidument par bon nombre de camarades. Cela est très bien: cela va permettre à la région parisienne de recruter des militants qui pourront rendre de grands services à leur organisation coopérative. C'est pourquoi, reconnaissant que cette création éducative peut avoir une répercussion considérable dans le mouvement coopératif tant au point de vue de la gestion des Sociétés qu'au point de vue de l'organisation d'émancipation, les camarades du Pas-de-

Calais, profitant de la discussion des Statuts, voudraient savoir si la Commission a pensé à la Province.

Le Pas-de-Calais, beaucoup de camarades le reconnaissent, est un pays essentiellement coopérateur, où on ne rencontre que des hommes de bonne volonté, faisant abstraction de toute idée mesquine et personnelle pour l'œuvre commune d'organisation. Malheureusement, ce ne sont que des volontés ouvrières, des volontés d'hommes astreints à un travail pénible, épuisant, qui, lorsqu'ils sont sortis de la mine, n'ont d'autre distraction que le cabaret. Il n'existe dans nos milieux, en dehors de l'organisation, aucune institution aidant au développement de ces cerveaux qui sont cependant bien disposés pour nous, puisque dès leur plus tendre enfance ils ont reçu la semence socialiste. .

C'est de là que proviennent les grandes difficultés de recrument des militants possédant les capacités nécessaires pour mener à bien l'œuvre commune de l'organisation.

Ce que la classe capitaliste n'a pas voulu faire, ce que les autres organisations d'émancipation n'ont pu faire, la coopération pourra-t-elle avoir le bonheur de le faire ? C'est pour moi un problème d'une importance capitale, et nous nous demandons si nous aurons le bonheur de pouvoir dire à chaque camarade : Tu as aujourd'hui des cours te permettant l'élargissement de ton cerveau, te permettant de prévoir des jours meilleurs ; c'est à la coopération que tu le dois, c'est à elle que tu dois adresser tous tes remerciements ; c'est à elle que tu dois apporter tous tes instants de liberté et tout ton dévouement.

Nous demandons aux camarades de la Commission d'Unité comment on prévoit la création de cours d'enseignement coopératif en province ; nous demandons que toutes les organisations ne soient pas concentrées à Paris, et nous faisons au Conseil cette proposition :

« Le Comité confédéral est invité à étudier la création en province, comme à Paris, de cours d'enseignement coopératif. »

Le Rapporteur. — Il y a là un vœu simplement d'exprimé. Je demande à ce que ce vœu nous soit renvoyé pour être discuté avec les motions additionnelles.

Je dois dire qu'il y a de la part des camarades du Pas-de-Calais une très juste et légitime préoccupation. Nous ne pouvons pas à l'avance dire dans les Statuts qu'on va créer des cours d'enseignement, d'éducation coopérative dans telle loca-

·lité ; ceci est l'œuvre de l'organisation que nous créons ; ce n'est pas la Commission d'Unité qui peut le dire ; ce sera l'œuvre de la Fédération ou de son Conseil, de son Comité confédéral futur, mais il n'y aura qu'un moyen pour cela : ce sera l'argent, l'argent, l'argent !

La question de la cotisation, vous le voyez, se trouve impliquée elle-même dans le vœu qui vient de vous être soumis. Sous cette réserve, je vous demande de bien vouloir réfléchir à l'importance de l'œuvre à accomplir, et, quand viendra tout à l'heure la discussion des conditions dans lesquelles on adhère à la Fédération coopérative, de bien voir quel but nous avons à remplir et quelles sont les obligations que nous devons assumer.

Sous le bénéfice de ces observations, je demande aux camarades du Pas-de-Calais de nous transmettre la rédaction du vœu qu'on vient de nous lire et nous l'examenirons pour le soumettre au Congrès avec les motions additionnelles. (*Applaudissements.*)

LE DÉLÉGUÉ DE L'UNION COOPÉRATIVE DE ROMORANTIN. — Est-ce qu'on a prévu la fusion des deux organes de la Fédération ?

POISSON. — Il est impossible de viser toutes les questions d'administration qui se poseront à la Fédération nationale. Aucun des deux organes actuels ne conservera son titre dans l'organisation future ; nous croyons pouvoir dire dès maintenant que, certainement, le Conseil d'administration futur ratifiera les précautions qu'a prises la Commission d'Unité, en faisant paraître provisoirement les deux organes sous les titres de l'*Action coopérative* et du *Bulletin de la Fédération nationale*, d'un même format et dans le même temps de périodicité ; mais nous déclarons hautement que cela ne peut être qu'une situation provisoire que ni vous ni nous ne pourrons trancher. Elle sera l'œuvre du Conseil d'administration que vous nommerez, et vous aurez à dire si c'est bien ou mal au prochain Congrès. (Cris de : *Aux voix !*)

LE PRÉSIDENT. — Je mets aux voix l'article 3.

(*Adopté.*)

(Le rapporteur donne lecture de l'article 4.)

ART. 4. — Seront acceptées toutes les Sociétés constituées conformément à la Déclaration commune d'Unité coopérative ; en conséquence ne pourront être admises : les Sociétés qui im-

posent à leurs membres l'adhésion à une organisation politique
ou confessionnelle, les Sociétés capitalistes ou patronales, c'est-
à-dire celles qui allouent un dividende au capital-action en sus
d'un intérêt limité ou qui limitent le nombre des actionnaires.
ou qui donnent à leurs membres un nombre de voix propor-
tionnel au nombre d'actions, ou qui ne confèrent pas la souveraineté à l'Assemblée des sociétaires.

LE RAPPORTEUR. — Cet article est intégralement la reproduction des clauses fondamentales du pacte d'unité. Je dois
cependant vous dire qu'il y a des amendements.

Plusieurs Sociétés demandent qu'on supprime l'intérêt à l'action.

Je dois uniquement rappeler que, sur les conditions d'admission à l'organisme nouveau, il y a eu des motions extrêmement
nettes et précises qui ont été formulées dans le pacte d'Unité.
C'est sur la foi du contenu du pacte d'Unité que l'Unité a été
votée dans les Congrès de nos deux organisations. Actuellement, conformément à la méthode adoptée au début même de
ce Congrès, il nous parait impossible que nous puissions porter
une atteinte quelconque. soit par modification, soit par suppression, au pacte d'Unité tel qu'il est reproduit dans les Statuts.

DELMAS. — Nous ne demandons pas du tout de modification
à l'art. 4 des Statuts qui reproduit l'alinéa du pacte d'Unité
que nous avons voté. Je demande tout simplement qu'il soit
ajouté un alinéa.

Que dit l'art. 4 :

« Ne seront acceptées à la nouvelle Fédération les Sociétés
« qui allouent un dividende à l'action en sus de l'intérêt limité. ».

Nous sommes d'accord: pas de dividende à l'action et un
intérêt limité; mais dire qu'il est limité sans le limiter. c'est ne
rien dire; avec cet article, les sociétés pourront donner tel taux
qu'elles voudront à leurs actionnaires. Nous demandons donc que
le taux soit limité d'une façon effective. Nous proposons pour
ce taux 4 o/o, cela parait raisonnable et suffisant. Il est entendu
que nous n'entendons pas exclure les sociétés des deux organisations qui donnent un taux supérieur, nous voulons prendre seulement une garantie pour l'avenir. Nous estimons que 4 o/o
suffisent et ce n'est pas atteindre le pacte d'unité que de demander une limitation du taux de l'intérêt.

Le Rapporteur. — La manière dont Deimas vient poser la question ne peut pas donner lieu à de grandes difficultés, parce qu'il est entendu que le pacte d'Unité a prévu que l'intérêt devait être limité; mais la proposition qu'il formule n'est pas autre chose qu'une application de notre art. 4. Par conséquent, l'on pourrait être d'accord avec lui pour fixer d'ores et déjà le maximum de ce taux d'intérêt.

La question est de savoir si le taux qu'il propose est opportun. Il y a un certain nombre de Sociétés coopératives dans les statuts desquelles l'intérêt est de 4, 3,5 o/ ; par la pratique que j'ai des statuts coopératifs, je puis dire que c'est entre ces deux chiffres que l'intérêt oscille. Quant à hausser le taux de l'intérêt, je demande simplement que nos camarades de l'Est veuillent bien reconnaître qu'il est nécessaire de se tenir sur ce chapitre au maximum des statuts actuels et d'admettre dès maintenant que l'intérêt devra être limité à 5 o/o au maximum.

Dans les sociétés à créer à l'avenir, elles seront obligées de se tenir dans les limites du pacte actuel.

Delmas. — Les Sociétés actuelles qui appartiennent aux deux organisations qui se fondent aujourd'hui et donnent 5 o/o, doivent être acceptées.

Je demande seulement que pour les Sociétés à admettre à la Fédération, on ne donne pas cette prime aux égoïsmes. Ceux qui veulent placer leur argent à 5 o/o, peuvent être d'excellents capitalistes, mais non de bons coopérateurs. Nous demandons cela pour l'avenir.

Le Rapporteur. — Nous pouvons trouver une formule d'ici demain; nous vous proposerons cette motion d'ici demain, mais nous la proposerons pour l'ajouter à l'art. 4, de manière que les Sociétés actuelles qui accordent un intérêt au capital social, à condition qu'il n'excède pas 5 o/o, doivent être admises dans la Fédération, et à l'avenir, à partir de la constitution de la Fédération, on n'admettra que les Sociétés qui ne donnent pas plus de 4 o/o.

Delmas. — J'accepte que le président mette aux voix la proposition et que ce soit renvoyé à la Commission d'Unité pour en faire un article additionnel.

Marty (de Bordeaux). — Il n'est pas nécessaire de limiter dès maintenant le taux. Vous serez peut-être amenés sous la forme, soit d'actions, soit d'obligations, pour des organismes —

comme par exemple les organismes de gros — à donner un intérêt plus important, peut-être 5 o/o ; vous ne devez pas supprimer la possibilité de trouver les capitaux nécessaires pour développer votre mouvement. Il est nécessaire ou d'aborder la discussion, ce qui serait trop long, ou de prier la Commission d'étudier la question du taux d'intérêt au capital.

Le Président. — Nous allons voter sur la question d'intérêt. En ce qui concerne l'intérêt, nous vous proposerons la méthode suivante : voter d'abord sur le principe de l'inscription d'un maximum du taux de l'intérêt, ensuite sur le maximum de 5 o/o, ensuite sur celui de 4.

Poisson. — La Commission unitaire vous propose ceci : le principe d'abord ; nous sommes d'accord.

Jacque (18e arrond.). — Mon amendement est de principe si on doit discuter ; d'autre part, ce n'est pas ici...

Poisson. — En ce moment, Jacque pose une question qu'il n'avait qu'à poser et n'a pas posée lors des Congrès respectifs. Il y avait la possibilité de limiter l'intérêt de l'action, mais de ne pas donner de dividende. Il n'avait qu'à poser la question devant le Congrès et dire que c'était une des raisons pour lesquelles il s'opposait au pacte d'Unité.

J'ajoute que cet amendement a été proposé, non pas seulement par des camarades d'une seule organisation, mais par des camarades de deux organisations ; pour une bonne raison, c'est que dans les deux, il y avait des Sociétés qui donnaient l'intérêt à l'action et que nous aurions commencé par mettre à la porte des Sociétés que nous avions acceptées auparavant :

Voilà la raison pour laquelle c'est dans le pacte d'Unité. Cela y est, cela ne peut plus être discuté.

Jacque. — Je demande à Poisson qu'il me cite le Congrès où on aurait dû poser la question.

Poisson. — Le Congrès du 1er novembre 1912 à l'*Utilité Sociale,* quand on a voté l'Unité.

Pour le surplus, cette question ne pouvant être mise au vote, la question qui se pose est de savoir si vous voulez donner un chiffre pour la limitation de l'intérêt à l'action.

Le Rapporteur. — Nous vous prions d'accepter toutes les Sociétés qui donnent jusqu'à 5 o/o et qu'à l'avenir, on n'accepte que des Sociétés qui prennent l'engagement, lors de leur revision des statuts, de mettre dans leurs statuts un intérêt simplement maximum, 4 o/o. Je rappelle d'un mot à Marty que ceci n'a aucun rapport avec des obligations ou les emprunts que les Sociétés coopératives ou les M. D. G. peuvent avoir à faire pour développer leurs entreprises. (*Cris de: Aux voix !*)

JACQUE. — La proposition a été soulevée au Congrès de Calais quand on a parlé de l'intérêt à l'action, et si vous avez la brochure du compte rendu officiel rédigé par la Confédération, vous n'avez qu'à voir, page 55, la trace de cette discussion. Il n'a pas été pris de disposition; à ce moment, on nous a dit qu'il n'y avait rien dans les statuts qui empêchait de prendre les Sociétés qui payaient l'intérêt à l'action. On a fait observer, en s'appuyant sur les faits et sur une rédaction qui datait de 12 ou 15 ans, à la fondation de la Bourse — il faut remonter haut, la coopération ne date pas d'hier — à ce moment, quand la Bourse se fondait, à la suite de la scission... (*Protestations.*)

LE PRÉSIDENT. — Je demande au Congrès de s'exprimer sur la question de savoir s'il convient de continuer à entendre l'orateur actuel... (*Cris de: non, non.*)
Le Congrès vous retire la parole.

JACQUE. — Ce n'est pas admissible.

LE PRÉSIDENT. — Je demande au Congrès de se prononcer s'il veut entendre l'orateur Jacque....

POISSON. — J'ai demandé la parole sur une motion d'ordre. Je dis que le Congrès ne peut être dupe d'une manœuvre. Avant de venir à ce Congrès, nous avons eu un mandat disant que, pour participer au Congrès unitaire, il faut accepter le pacte d'Unité. Ceux qui sont ici l'ont donc accepté. Nous pouvons discuter tous les amendements possibles et imaginables, sauf ceux qui sont contraires à la signature que nous avons mise au bas de l'acceptation du pacte d'Unité.

Dans le pacte d'Unité, il est dit, Jacque, que nous acceptons les Sociétés limitant l'intérêt à l'action, et par conséquent, il n'est pas possible de discuter un amendement contraire à la signature que tu as mise au bas de la délégation que tu as acceptée. (*Applaudissements.*)

JACQUE. — Ce n'est pas une nouveauté, ce que nous discutons. (*Cris de : la clôture !*)

Tout à l'heure, vous disiez que si on avait adopté cette manière de voir, cela aurait empêché beaucoup de Sociétés de venir à la C. C. S. O. ; il n'a pas été question de donner une rétroactivité à cette question, mais simplement de proposer qu'à l'avenir, on ne prendrait pas de Sociétés payant un intérêt à l'action ; c'est une question de principe. Nous n'admettons pas (et nous ne sommes pas les seuls) il y a aussi beaucop de Sociétés qui prétendent qu'une Société coopérative n'est pas faite pour traiter des questions financières, mais de consommation... En conséquence, ce qui est intéressant, c'est la consommation et non pas les quelques sous que peut rapporter l'action : d'autant plus que c'est un leurre, c'est de la poudre aux yeux aux sociétaires... Si vous donnez un intérêt, admettez 4 o/o, les actions sont à 50 francs, où prendre-vous le trop-perçu que vous donniez à vos consommateurs ? Il arrivera ceci, c'est que les actionnaires qui n'auront pas participé aux frais généraux toucheront les intérêts, alors qu'ils n'auront pas apporté leur argent, tandis que, en ne payant pas l'intérêt à l'action et en laissant le trop-perçu aux véritables consommateurs, ce sont ceux qui ont apporté leurs efforts qui rentreront dans une partie de l'argent donné à la Société. (*Cris de : la clôture !*)

LE PRÉSIDENT. — Sur la question du taux de l'intérêt, je vous propose la clôture avec les orateurs inscrits.
(*Adopté.*)

THOMAS. — Je n'étais pas au courant de l'amendement déposé par Delmas, mais il ne me semble pas sans danger. Qu'est-ce qu'on a voulu dans le pacte d'Unité, lorsqu'on a indiqué qu'il y aurait un intérêt limité et pas de distribution de dividende? On a voulu, en somme, rappeler les principes de la coopération rochdalienne ou de la coopération socialiste, à savoir la distribution du trop perçu, non pas selon le capital engagé dans l'entreprise et au prorata du capital, mais au prorata de la consommation.

Voilà ce qu'on a voulu rappeler ; et alors, j'attire l'attention du Congrès, comme le faisait Marty, sur le danger qu'il pourrait y avoir à fixer statutairement le taux de l'intérêt, non pas seulement parce que certaines Sociétés actuellement peuvent avoir un intérêt de 5 o/o. Mais qui vous dit que demain, le loyer de l'argent ayant changé, votre intérêt de 5 o/o ne vous apparaîtra pas comme un intérêt abusif? Qui vous dit d'autre part que dans un autre moment, pour vous procurer de l'argent, vous ne serez pas obligés de fixer un taux d'intérêt supérieur. Vous direz, pour les obligations, ce n'est pas la même chose, mais dans le gros public, dans la masse des consommateurs, on ne fera pas la distinction. La sagesse serait de s'en tenir à la formule qui est inscrite dans la déclaration d'Unité et en donnant mission, d'autre part, au Conseil central ou au Comité confédéral, au moment où des Sociétés demanderont leur adhésion, de leur signaler le danger qu'il pourrait y avoir à inscrire un taux d'intérêt trop élevé; la sagesse, c'est de s'en tenir à la déclaration d'Unité. (*Applaudissements.*)

Héliès. — Au Congrès de Calais, c'est sur la demande de Samson, de l'*Union de Lille*, qu'on n'a pas inscrit ce qu'on nous demande aujourd'hui de mettre dans le pacte d'Unité; c'est à la demande également de Briquet, du Pas-de-Calais, et de Svob, de la *Fédération de Bretagne*, qu'on a écarté cette question. Pourquoi donc aujourd'hui revenir sur une chose qui a été amplement discutée à Calais et que nous n'avons pas cru devoir appliquer à nos Sociétés dans l'impossibilité où nous étions de pouvoir le faire.

D'autre part, nous avons admis précédemment, dans notre Confédération des Coopératives, des Sociétés qui payaient des intérêts à l'action. Pourquoi faire aujourd'hui une chose plus rigide que nous le faisions précédemment ? Et laissez-moi vous dire que dans l'évolution de la Coopération, il peut s'accomplir ce fait, c'est que le taux de l'action que nous avons fixé à 25 ou 100 francs dans les Sociétés coopératives, devienne réellement insuffisant par rapport aux nécessités du mouvement coopératif.

Croyez-vous qu'il faille maintenir indéfiniment ces actions de 100 francs et une par adhérent? On croit que c'est une obligation de ne faire que des actions de 100 francs; mais pas du tout, cela forme un minimum pour les Sociétés qui dépassent le capital de 200,000 francs, mais il est possible d'en élever l'importance et le nombre. En Angleterre il en est ainsi, — vous applaudissiez ce matin aux magnifiques résultats qui y sont obtenus, — il y a des Coopératives qui ont 10, 15, 20 actions de 125 francs par sociétaire. Ce qui est démocratique, c'est qu'il n'y ait qu'une voix par sociétaire, quel que soit l'apport de capital fait par le coopérateur à sa Société. Il y a un danger pour la Coopération à faire des emprunts successifs, des obligations et des caisses de prêt au sein des Sociétés coopératives; c'est que s'il se produisait une crise économique ou si une panique survenait dans la Société, immédiatement les coopérateurs venant chercher leur argent à la caisse de prêts, de comptes-courants, ces retraits pourraient entraîner la chute de la Société coopérative; alors que, par, des actions multiples et élevées qui forment le capital de la Société, l'avenir de la Coopération sera certainement assuré ainsi qu'un plus grand développement et davantage de sécurité à nos Sociétés, et cela rassurerait les militants qui se préoccupent de son importance et de son avenir.

C'est pourquoi nous vous demandons, Thomas et moi, qu'on ne limite pas du tout le capital; car il peut se faire que demain *La Bellevilloise* qui va s'agrandir par l'achat d'un plus grand magasin dans la rue Ménilmontant, doive de préférence augmenter son capital; elle en aurait plus de garanties si on pouvait facultativement souscrire cinq actions rapportant même intérêt. C'est pour la sécurité du mouvement coopératif, pour son développement, que nous vous demandons d'accepter tel quel l'art. 4 des Statuts. (*Approbation*.)

DELMAS (de l'Est). — Je ne vois pas pourquoi la Commission d'Unité a inscrit dans le pacte d'Unité et dans l'art. 4 que l'intérêt à l'action doit être limité. Si on se refuse à le limiter, ce n'est qu'une formule, et c'est souvent peu de chose.

Thomas disait tout à l'heure que le Comité confédéral sera juge de ces cas. Le Comité confédéral, quand il examinera une demande d'adhésion d'une Société dont le taux d'intérêt est de 5 1/2 o/o, 6 o/o, dira :Vous avez tort, nous ne vous acceptons que si vous limitez l'intérêt à un taux plus réduit. Mais alors il ne sera plus temps. Quand une demande d'adhésion est faite, la Société est constituée, les Statuts sont votés, il est très difficile d'y revenir; tandis que si les Sociétés savent que le taux est limité, c'est différent. Les camarades qui prennent l'initiative de créer des Sociétés, se basent un peu sur les Statuts de la Fédération nationale pour préparer ces statuts. Si un Comité confédéral refuse une Société sous le prétexte que le taux est trop élevé, un autre Comité peut accepter une Société constituée dans les mêmes conditions; on donnera ainsi place à l'arbitraire.

C'est pourquoi je demande qu'on limite effectivement ce qu'on promet de limiter. Si on estime que 4 o/o ne sont pas suffi-

sants en raison d'une élévation possible, probable même, du taux
de l'argent, on pourra y revenir ; mais, à l'heure actuelle, c'est
suffisant, et je demande de s'en tenir là.

D'autre part, l'art. 4 est muet sur le nombre des actions que
peut souscrire chaque sociétaire. Nous demandons qu'on limite
ce nombre d'actions. Il y a des camarades qui n'en sont pas
partisans, ils ne voient aucun inconvénient à ce que les sociétaires
possèdent un grand nombre d'actions, il n'y a peut-être aucun
inconvénient dans les grandes villes, dans les grandes sociétés
de plusieurs milliers de membres. Mais il n'y a pas que les
grandes villes et les grandes sociétés, il y a les petites sociétés
qui ont 150, 200 membres ; nous connaissons des sociétés où
il y a 50 ouvriers qui ont souscrit chacun une action et qui ne
peuvent en souscrire qu'une et il y a cinq ou six citoyens assez
fortunés, qui possèdent à eux tous autant d'actions que les 150.
Il y a dans les Statuts un article qui dit que chaque actionnaire
n'a qu'une voix ; c'est une fiction, car là où le capital domine,
c'est le capital qui a la souveraineté, ce n'est pas l'assemblée
générale.... (*Interruptions.*) Ils font pression sur les autres
par une démission concertée.... Ce n'est pas exact ?.... Est-ce
que cinq ou six sociétaires ne peuvent démissionner ? Est-ce
qu'on ne doit pas leur rembourser leur capital en cinq ans ?

Une Voix. — Cette échéance viendra tout de même.

DELMAS. Le nombre des actions doit être limité à 5 ; cela
paraît suffisant pour permettre à la Société de se constituer un
capital lui permettant de fonctionner. Nous ne demandons pas
l'action unique, mais 5, c'est suffisant.

Quant aux coopérateurs aisés, nous ne voulons pas les écarter ;
il y a le Magasin de Gros qui est là, s'ils ont des disponibilités
financières, ils peuvent les y apporter : il y a moins de danger
qu'à les apporter aux sociétés.

LE RAPPORTEUR. — J'estime en effet que les deux questions,
celle du taux de l'intérêt et celle du nombre des actions, se
trouvent liées, car la conclusion est celle qu'indiquait tout à
l'heure Héliès, et c'est ce qui me servira pour vous indiquer
quel est définitivement le vœu de la Commission : il ne doit y
avoir qu'une seule voix par action, une voix par sociétaire.
Pour le reste, je crois que la pratique, telle que nous la connaissons, des Sociétés coopératives, donne satisfaction au désir
de notre camarade Delmas : c'est que le taux de l'intérêt ne

dépasse pas un certain chiffre. J'indiquais tout à l'heure que ce taux varie entre 3 et 5 o/o. Mais, d'autre part, la Commission se trouve certainement impressionnée, influencée par les raisons indiquées tout à l'heure par Thomas : il y a peut-être danger pour l'avenir à fixer dès maintenant cette limitation du taux de l'intérêt.

Remarquez-le, je ne sais pas si Thomas avait raison tout à l'heure, mais je crains bien que l'avenir ne soit pas favorable à une rehausse considérable du taux de l'intérêt. Par conséquent, vis-à-vis de l'organisme central, les Sociétés se trouveront plus mal placées si, contre la pratique actuelle des Coopératives, elles portent l'intérêt à un chiffre plus élevé que celui que nous venons d'indiquer. Mettant en balance les avantages et les inconvénients, il est préférable de s'en tenir au texte du pacte d'Unité.

Sur la question du nombre des actions, je crois que ce serait un danger considérable pour la Coopération, dans l'état où elle se trouve, où elle a à lutter contre les établissements commerciaux et la concentration capitaliste, les succursales multiples, de nous empêcher d'avoir dans les organisations ouvrières les capitaux nécessaires. (*Approbation.*)

Il y a cette sauvegarde que celui qui prête ses capitaux le fait pour soutenir l'œuvre commune ; mais dans les assemblées générales, il sait, qu'il n'aura pas un nombre de voix supérieur à sa qualité de consommateur, une et indivisible. Il ne faut donc pas s'imaginer que des faits pourraient se produire, qui assureraient au capital possédé par certains sociétaires la prédominance dans les Coopératives.

Quant à ce que nous indiquait tout à l'heure Delmas, — des démissions en masse de ceux qui détiennent le plus grand nombre d'actions, — je considère — et la pratique le démontre — que ce ne sont que des fantasmagories. Il est impossible que les sociétaires, parce qu'ils ont le droit d'avoir quatre ou cinq actions, puissent à un moment donné mettre la Coopérative en péril. Vous imaginez qu'ils pourront se retirer volontairement du jour au lendemain en coupant les vivres à la Coopérative ; c'est impossible. En premier lieu, ils seraient responsables pendant cinq ans, aux termes de la loi elle-même ; d'autre part, juridiquement, on a toujours le droit de démontrer que ceux qui se sont retirés l'ont fait uniquement dans une intention de cabale, contre l'œuvre commune, qu'ils se sont retirés à contre-temps, et leur démission ainsi peut être entachée de nullité.

Par conséquent, il y aurait danger très grave pour la Coopération française de vouloir, par des raisons qui ne sont pas des
raisons pratiques, nous empêcher de permettre statutairement
aux camarades de développer les organisations ouvrières en y
apportant leurs capitaux au lieu de les porter vers d'autres
organisations.... Je ne veux pas nommer des institutions d'une
façon personnelle, mais vous comprenez ce que je veux dire;
il y a des organisations, qui nous sont totalement indifférentes
ou qui nous combattent, et c'est dans ces organisations qui nous
combattent que va l'épargne ouvrière, parce qu'on promet tant
pour cent.

Je crois qu'à l'heure actuelle, ce serait un danger que dans des
Statuts aussi importants que ceux qui veulent servir de constitution à une organisation comme la nôtre, nous fixions une limitation qui aurait un caractère définitif. (*Approbation.*)

Le Président. — La Commission renonce à l'amendement.
Il y a seulement Delmas qui le soutient. Je mets aux voix l'amendement Delmas.

Boudios. — Delmas, tout à l'heure, proposait de limiter l'intérêt aux Sociétés, non pas aux Sociétés faisant seulement partie
ou de la Confédération ou de l'Union Coopérative; c'est une
question de principe pour les sociétés qui se constitueront demain
de ne pas accorder 3 ou 4 o/o.

Je crois, et j'aurais voulu, quoique faisant partie de la
Commission d'Unité, que le rapporteur de la Commission examine s'il ne pourrait pas en partie donner satisfaction. — pour
tout au moins si c'est une question de principe — que demain
la Fédération Nationale ou le Conseil d'administration de la
Fédération soit obligé ou tout au moins soit admis à demander
aux nouvelles Sociétés se constituant que, pour l'avenir....
(*Cris de: Aux voix!*) Il est étrange que quand quelqu'un veut
donner des explications sur sa proposition, on l'empêche de
parler.... (*Interruptions.*) C'est pourquoi je demande si on a
bien senti comment Delmas posait la question; c'est une question
de principe et les principes doivent être très sérieusement établis
chez nous.

Croyez-vous qu'il ne soit pas raisonnable dans une Société
démocratique de fixer 4 o/o de dividende, alors que le maximum légal est de 5 o/o. Ce n'est que pour les Sociétés d'avenir,
et alors pourquoi ne pas accepter cela? C'est tout ce que j'avais
à dire.

LE PRÉSIDENT. — Sous le bénéfice des observations présentées par les différents orateurs, je mets aux voix d'abord l'amendement Delmas.

(Repoussé.)

Un Délégué. — Le vote par mandat.

POISSON. — S'il y a nécessité, on votera par mandat. Il ne faut pas qu'on puisse dire qu'on a escamoté les votes.... *(Protestations.)* Même quand il n'y a pas de doute, c'est le droit dans un congrès d'exiger un vote pour savoir comment tel délégué a voté ; mais la question qui se pose est celle de savoir si nos camarades exigent un vote du Congrès.

DELMAS. — Je n'insiste nullement pour le vote par mandat.

(Le vote est donc acquis.)

LE PRÉSIDENT. — Nous avons à voter sur le nombre d'actions.

(L'amendement est rejeté.)

LE RAPPORTEUR. — Nous avons un amendement sur l'art. 4 :
La Coopérative des Familles, de Bordeaux propose l'adjonction suivante :

« Ne pourra être admise toute Société fondée par l'organisme de gros et destinée à concurrencer les Sociétés déjà existantes.

« De même les Sociétés qui se formeraient ou qui se sont formées six mois avant le Congrès dans le but de reprendre les succursales ou de se substituer à la Société créée par l'organisme de gros. »

Sur les deux propositions, en créant des statuts qui doivent être la charte de l'avenir, nous ne pouvons pas intervenir dans des questions locales entre les Coopératives, voir dans quelles conditions telle Coopérative a été constituée ; si elle était bien avec le secrétaire ou le président de telle autre Société ; nous ne pouvons pas entrer dans ces détails. Par conséquent, étant impossible de discuter sur le principe, à savoir s'il ne doit y avoir qu'une Coopérative par commune, nous ne pouvons pas entrer dans des détails comme celui que nous propose la Coopérative des Familles, de Bordeaux.

SUTTER (de Bordeaux). — Si la Coopérative des Familles n'a pas cru devoir, au moment du vote du pacte de l'Unité, présenter sa motion, c'est parce qu'elle est partisante de l'Unité et qu'elle ne croyait pas devoir à ce moment exposer ses raisons toutes locales, mais qu'aujourd'hui, au moment de signer le contrat exigible pour un mariage de raison, il était juste, il était logique que, de chaque côté, on vienne avec des situations bien nettes, avec des situations bien assises et qu'il n'y ait, ni d'une part ni de l'autre, aucun compromis possible.

Si la Coopérative des Familles de Bordeaux pose cette question ainsi et qu'elle dise que la Société coopérative générale de détail et celles qui sont fondées par les organismes de gros ne devront pas faire partie de l'Unité, c'est parce que, à Bordeaux, c'est ainsi que cela s'est passé.

La Coopérative des Familles, avec raison, vous le verrez, a été la cheville ouvrière de la création de la succursale de la Coopérative de gros à Bordeaux....

Une Voix. — Par qui?

SUTTER. — Si vous voulez m'interrompre, réunissez toutes vos interruptions, et quand j'aurai fini je vous répondrai....

Lorsque la Coopérative des Familles a créé la succursale à Bordeaux de la Coopérative de gros actuelle, avec l'aide de son personnel, de son capital, de ses locaux qu'elle a prêtés à cette Coopérative de gros pour être ce qu'est la Coopérative de gros à l'heure actuelle, la Coopérative des Familles était en droit de croire que cette Coopérative de gros ne pourrait pas un jour se retourner contre elle et ouvrir des succursales: l'une ici, celle des Familles, et l'autre en face, celle de la Coopérative générale de détail, ayant son siège, 1, rue Christine, et ayant comme membres fondateurs les mêmes membres que la Coopérative de gros, ce qui fait dire à la Coopérative des Familles, au moment d'entrer dans une voie tout autre pour la Coopération: il serait utile, indispensable que ces deux organisations soient bien délimitées et savoir si dans la Fédération nationale nouvelle, ces Coopératives, ces succursales, cette Coopérative générale de détail vont pouvoir entrer dans cette Fédération nationale.

En plus de cela, et comme on n'est jamais à bout d'arguments même en matière de Coopération, comme il y a des finauds partout, on a tourné la question de toute autre façon; c'est ce qui concerne le 2e alinéa de la Coopérative des Familles visant les Sociétés coopératives destinées à reprendre les succursales de la Société coopérative générale de détail,

celles fondées avant le Congrès, parce que, à Bordeaux, pour
ne pas être obligé de présenter devant ce Congrès, la Coopérative de gros créant des succursales en face d'une Société
coopérative qui a été la cheville ouvrière de sa fondation dans
la ville même, pour ne pas être obligé de venir se présenter
devant un congrès de cette façon, on a été obligé de fonder
une Société coopérative de toutes pièces parce qu'il fallait venir
à ce Congrès avec autre chose qu'un magasin de gros formant
des succursales pour la vente au détail.

C'est ainsi que la Coopérative des Familles a été obligée de
présenter cette adjonction.

Vous me direz qu'elle n'y était pas forcée. Mais croyez-vous
qu'une Société coopérative, si bonne soit-elle, peut jouer cons-
tamment le rôle de poire? En l'occasion, c'est ce rôle que la
Coopérative des Familles a joué, fournissant ses locaux, son
personnel, son argent, pour voir cette Coopérative de gros,
au moment où elle aurait dû en tirer quelque chose après l'effort
phénomènal qu'elle, Coopérative des Familles, a été obligée
de donner, de voir cette Coopérative de gros se retourner
contre elle et lui dire: Tu vas accepter un contrat t'interdisant
d'acheter tout ailleurs que dans mon sein même, et comme la
Coopérative des Familles n'a pas voulu marcher, immédiatement les succursales ont été créées en face des siennes par la
Coopérative de gros, sous le couvert de la Coopérative générale
de détail.

Voilà la situation. Nous estimons qu'elle doit être tranchée
tout au moins par le Congrès. C'est pour cela que nous avons
déposé ces propositions.

Voyez-vous La Bellevilloise, après tout l'effort fait pour
donner le coup de main phénoménal qu'elle a consenti au Magasin de Gros. Voyez-vous Héliès se retournant pour dire à La
Bellevilloise: A partir d'aujourd'hui, vous allez nous acheter
tous les produits au Magasin de Gros; La Bellevilloise refu-
sant cela, et Héliès aussitôt formant des Coopératives de détail
et installant des succursales, en face des succursales de La
Bellevilloise? J'aurais bien voulu voir la tête des coopérateurs
parisiens et bellevillois en particulier; j'aurais voulu voir les
sanctions qu'aurait données la Fédération parisienne à un
pareil acte.

Voilà ce qui s'est passé à Bordeaux, et nous estimons que
cela devait être soumis au Congrès.

Nous ne l'avons pas dit au moment de l'Unité, parce que nous sommes des partisans de l'Unité, mais au moment de signer un contrat qui nous engage pour longtemps, il est bon d'élucider toutes les situations et de faire connaitre la question.

Le Rapporteur. — Je voudrais répondre qu'il est impossible dans les statuts d'une organisation comme celle de la Fédération, de viser un cas particulier sur le fond duquel nous n'avons pas à nous prononcer dans un Congrès statutaire; mais, d'autre part, je vous ferai observer que l'Unité a été faite pour empêcher que des zizanies, que des dissensions viennent à se produire dans notre mouvement coopératif, et nous devons compter sur notre groupement pour empêcher cela. Nous ne devons pas viser tel cas particulier; je suis convaincu qu'il pourrait y avoir dix, vingt, trente cas de difficultés semblables. C'est l'avenir qui doit aplanir ces difficultés; l'organisation aura une mission délicate à accomplir. Seulement, je ne crois pas que ce soit aujourd'hui, dans des statuts qui doivent faire la loi de l'avenir, que nous puissions viser tel cas particulier et employer telle formule qui pourrait ne pas être appliquée.

Sutter. — Je fais une constatation au nom de la Coopérative des Familles, c'est qu'on ne discute pas le fait; on dit qu'il ne peut être discuté à ce Congrès. Ceci, je l'admets; je comprends qu'un congrès ne puisse, pour quelque chose de spécial, faire quelque chose de passager, car je ne pense pas qu'il puisse y avoir un coin de France, une simple bourgade où le même fait se soit produit, où on ait vu des individualités composant le mouvement coopératif, étant à la tête de ce mouvement coopératif, faire l'Unité en haut, alors qu'en bas ils créaient la division dans les petites organisations; je ne pense pas qu'on ait vu cela ailleurs en France. C'est pour cela qu'au moment de créer la Fédération unitaire, il était nécessaire de faire entendre cette voix au Congrès.

Le Président. — L'amendement est retiré?

Sutter. — Je n'ai pas mandat de retirer l'amendement, le Congrès en fera ce qu'il voudra. (*Approbation.*)

Marty. — Je tiens à apporter ici une protestation énergique contre les allégations erronées qui ont été signalées ici, car il faudrait entrer dans le détail des questions... Je ne com-

4

prends pas qu'on puisse apporter au Congrès des cuisines, même de Bordeaux... (*Protestations et rires.*) Il faut que cette protestation soit portée au procès-verbal.

Le Président. — Je prie les délégués de s'abstenir d'appréciations qui n'ont rien à faire avec la discussion actuelle.

Paul Alexandre. — Nous avons déposé un amendement qui n'a pas été lu. Nous demandions comme garantie qu'au principe éliminatoire des Sociétés, à l'article 4, il fût ajouté : « Les Sociétés qui ne recrutent leurs membres que dans une corporation ou dans une entreprise déterminée ». Mais à l'Assemblée générale de la Fédération Parisienne, nous avons transformé cet amendement de façon à conserver ce qui existe par le paragraphe suivant, qui pourrait prendre place dans les motions additionnelles :

« Dans le délai de cinq ans, les Coopératives appartenant à la Fédération nationale devront être des Sociétés ouvertes ».

Joucaviel. — *La Revanche* de Carmaux est adhérente à la Fédération socialiste du Tarn, elle est adhérente au Parti comme organisation; cela date de sa fondation.

Je voudrais demander si nous sommes obligés de nous retirer du Parti.

Poisson. — *La Revanche* de Carmaux laisse tous ses membres faire partie de son organisation dans des conditions qui peuvent permettre son entrée dans l'Unité. Ce que je me permets de dire comme membre de la Commission du Parti socialiste, c'est qu'il est défendu à toute Coopérative de faire partie d'une section locale du Parti, puisqu'il n'y a que les associations locales qui sont connues comme membres du Parti socialiste.

On a parlé seulement des Sociétés qui n'admettaient qu'une seule profession...

Un délégué. — Nous avons une Coopérative limitée aux employés de chemins de fer; elle se trouve exclue?

Poisson. — S'il y a des protestations, la réserve à la motion additionnelle sera discutée particulièrement.

(*Adopté.*)

Mahieu. — A la Fédération du Pas-de-Calais, nous aurions voulu voir l'article 4 plus précis en ce qui concerne les Coopératives patronales.

Tout à l'heure le rapporteur nous disait que la motion du Pas-de-Calais était additionnelle. Je demanderai au rapporteur si la motion va être discutée tout de suite ou tout à l'heure.

Poisson. — La motion du Pas-de-Calais vient tout de suite.

Mathieu. — Alors la Fédération du Pas-de-Calais propose l'adjonction suivante :

« ...et celles qui reçoivent des subventions patronales, sous quelque forme que ce soit ».

L'article 4 vise les Coopératives patronales, mais ne les définit pas: alors, nous voudrions les voir définir.

En effet, la plupart d'entre vous ignorent que sur le territoire de la Fédération du Pas-de-Calais éclosent en ce moment pas mal de Coopératives patronales nées en application d'ailleurs d'une décision du Comité des Houillères. Le but inavoué de ces Sociétés, vous n'en doutez pas, est la mise en tutelle, avec des apparences philanthropiques, de la consommation des salariés par les potentats de la mine, et, en même temps, former la contre-partie des Sociétés ouvrières poussant le travailleur vers son émancipation.

Nous sommes presque tentés de croire que le jour où les nôtres disparaîtraient, celles-là disparaîtraient également.

Aujourd'hui, certaines Compagnies minières bâtissent l'immeuble qui abritera la pseudo-coopérative en même temps que les cités ouvrières qui entourent les fosses. Ce qui fait qu'une Société dont l'émancipation est à la base ne peut se constituer ou que végéter si elle se constitue.

En effet, que pourra-t-elle à côté de celle qui ne paie que 1 fr. 50 de loyer par an, somme qui constitue tout simplement la sauvegarde du droit de propriété, elle ne paie que la somme pour son éclairage, et son chauffage au prix de revient, c'est-à-dire 0 fr. 90 et 1 franc tout au plus aux cent kilos.

Elle ne pourra, la Société ouvrière, qu'avoir une vie bien éphémère. But recherché par les Compagnies et, hélas! trop souvent atteint.

Eh bien, camarades, nous nous sommes demandés, avec juste raison d'ailleurs, si l'article 4 fermait bien la porte à ces Coopératives patronales.

Non, rien dans l'article 4 n'empêche l'adhésion à l'organisme nouveau de ces Sociétés, car elles sont toutes constituées sous l'égide des lois de 1867 et 1893. Par conséquent, elles ont leurs

Assemblées générales, à qui est confiée la souveraineté, bien mitigée, c'est entendu.

Elles ne limitent pas le nombre des actionnaires, si ce n'est toutefois aux salariés d'une même entreprise. Comme forcément leurs actionnaires sont hétérogènes, puisqu'elles comprennent des mineurs, des employés, des ouvriers d'art, etc., etc., elles ont ainsi l'allure d'une Société ouverte à tous.

Nous avons peine à croire qu'elles accepteraient les conditions de l'article 5 ; car elles sont avant tout localistes, égoïstes plutôt qu'émancipatrices, emploient parfois même des moyens de coercition pour faire entrer l'ouvrier chez elles ; donc, il n'est pas besoin de verser à la propagande.

Néanmoins, si un jour on éprouvait le besoin d'enrayer notre mouvement, on aurait tôt fait de nous submerger, si nous n'y prenons garde.

Que le Magasin de Gros les compte au nombre de ses clientes, passe encore ; après tout, c'est la vente au public pratiquée par nos Sociétés, mais à l'organisme moral, nous disons non.

C'est pour cela qu'il faut que l'article soit précis et que nous vous demandons d'adopter notre adjonction.

LE RAPPORTEUR. — Cela vise une question certainement des plus importantes et des plus délicates pour le mouvement coopératif, et je vous dirai, si vous voulez me permettre une simple allusion personnelle, que j'ai eu l'occasion, après le vote de la loi supprimant les économats, d'écrire, précisément, pour une revue coopérative étrangère, un article sur la question, où je n'ai pas manqué de signaler le danger des économats déguisés sous la forme de Coopératives. Par conséquent, il n'y a absolument aucun doute que, dans l'organisation future, des Sociétés soi-disant coopératives, où l'élément patronal prendrait la prédominance, devraient être éliminées ; mais, il faut, au point de vue pratique des statuts que nous faisons en ce moment, voir si le texte que nous a présenté la Fédération du Pas-de-Calais ne pourra pas avoir, dans sa précision même, un certain inconvénient que nous pouvons repousser par ailleurs.

Remarquez-le, on peut supposer qu'en fait le cas suivant se présente : Une Société coopérative, au moment de sa réunion annuelle organise une fête elle sacrifie à cette habitude souvent invétérée de la tombola, elle fait prendre des billets à 10, 15 centimes par une personne quelconque qui a précisé-

ment la situation de patron dans la localité ; il est évident
qu'elle va recevoir ici, peut-être d'une façon assez fréquente.
une subvention patronale, alors que cependant, d'après ses
statuts, son esprit, son organisation, c'est une Coopérative ouvrière. Il ne faudrait pas, par conséquent, que la précision de
l'amendement puisse obliger l'organisation centrale à ne pas
admettre dans son sein des groupements qui doivent être des
nôtres.

D'autre part, ces cas étant par conséquent des cas d'espèce.
il faut nous inspirer du pacte même de l'Unité, de nos statuts
qui disent que notre organisation est une organisation d'émancipation des travailleurs et qui entendent que l'on confère la
souveraineté de la Coopérative à l'Assemblée générale.

Or, les procédés que nous indiquait tout à l'heure le camarade du Pas-de-Calais sont des procédés qui visent la souveraineté de l'Assemblée générale, et le jour où il est avéré
que cette Assemblée est sous la tutelle, sous l'égide du patron,
évidemment ce n'est plus la souveraineté de l'Assemblée générale qui s'affirme. Nous devons prendre ce mot de souveraineté de l'Assemblée générale dans un sens réaliste. et considérer
que si une Coopérative n'existe que fictivement. elle ne doit
pas être des nôtres, et nous comptons précisément sur les
bons militants de la coopération pour plus tard. demain peut-
être. montrer exactement la situation de telle ou telle Société.
de manière que l'organisation centrale saura ce qu'elle a à
faire à l'égard de ces groupements. sous le contrôle d'ailleurs
des Congrès annuels.

Par conséquent. notre conclusion est la suivante : Nous
sommes suffisamment armés par le pacte statutaire pour empêcher que des Coopératives qui viendraient un jour où l'autre
à vivre des subsides patronaux. à n'être qu'un déguisement de
l'intervention. de l'autorité patronales. ne puissent être admises dans notre sein.

CLEUET. — Ces explications me suffiraient si elles ne pré-
voyaient. dans le cas que vient de nous signaler le camarade
du Pas-de-Calais, que des cas d'espèce. Mais malheureusement
cette situation tend à se généraliser, et des travailleurs abondent
dans le sens patronal en organisant ces sortes de Sociétés. Il
n'y a pas que dans les mines qu'on commence à organiser ces
économats déguisés en coopératives. mais dans les grands cen-

tres textiles cette organisation prend des proportions considérables. Je ne suis pas effrayé, quant à moi, à l'idée de penser que certaines de ces Sociétés pourraient s'infiltrer dans notre organisme national; je ne crois même pas qu'elles le pourraient; je pense que les militants des Fédérations seront assez vigilants pour empêcher leur entrée; cependant, il me semble qu'il y aurait lieu de préciser par un mot, une partie de phrase, dans les statuts, ce que nous pensons des économats déguisés en Coopératives, parce qu'ils ne sont pas limités aux mines; elles atteignent les textiles; demain, elles atteindront d'autres milieux industriels. Il se peut aussi que par tactique, les patrons fondent ces Coopératives, non pas pour donner sous une forme quelconque des subventions à leurs ouvriers, mais parce qu'en réalité, dans ces villes où l'organisation politique des ouvriers et l'organisation syndicale sont difficiles, ils comptent, en dressant leurs Coopératives devant les petites Coopératives ouvrières, empêcher toute organisation ouvrière.

Je puis, en me ralliant sur le fond à l'idée de nos camarades du Pas-de-Calais et aussi à celle de notre camarade rapporteur, demander néanmoins s'il n'y a pas lieu d'indiquer, par une adjonction à l'article 4, notre désir profond de ne jamais admettre, sous une forme ou sous une autre, des économats déguisés en Coopératives.

LECAILLON, de la *Fraternelle*, de Saint-Quentin. — Relativement à la proposition de la Fédération du Pas-de-Calais, je trouve que sur certains points les camarades ont raison de rechercher les moyens pour que le patronat ne mette pas la main sur les Coopératives, mais il ne faudrait pas non plus qu'avec cette façon de faire, quand on parle de subventions, il faudrait qu'il soit bien déterminé que cette subvention est faite dans un but mauvais, et lorsque cette générosité n'est pas faite dans un but hostile à la classe ouvrière, j'estime que nous devons accepter tout ce qui est donné, du moment qu'il n'y a aucune emprise sur nous.

Quoique ouvriers, nous aurions accepté une subvention ne nous engageant à rien; nous avons des camarades qui ne sont pas de la ville, qui sont un peu à l'écart; ils ont un patron qui n'est pas opposé aux ouvriers, un patron libéral; alors ce patron a dit : Je vais agir par tous les moyens pour que mes ouvriers entrent dans la Coopérative; et cependant il sait pertinemment que la *Fraternelle* de Saint-Quentin est une Coopérative socialiste; elle a été créée sur des bases socialistes, et tous nos actes le démontrent depuis le commencement de notre Société jusqu'à maintenant, par nos œuvres de solidarité; pour favoriser les ouvriers, pour qu'ils soient mieux servis, le patron a proposé de donner un local pour créer une succursale pour alimenter ces ouvriers. Alors, certains camarades qui faisaient déjà partie de la Société ont sollicité le Conseil d'administration, parce qu'ils n'ont pas les mains liées. On nous fournit le local, mais, comme nous vous le disons, nous sommes libres de nos actions. Nous acceptons; mais si la motion du Pas-de-Calais était strictement appliquée, la *Fraternelle* de Saint-Quentin ne serait pas longtemps avec vous.

Le Président. Je demande à passer un instant la présidence parce que je fais partie de la Commission de rédaction, et je voudrais vous dire pourquoi, après des séances assez longues dans lesquelles nous avons cherché à inscrire une motion du genre de celle qui aurait donné satisfaction à notre camarade - (c'est là- notre désir commun), pourquoi nous nous sommes tenus à la rédaction qui vous a été proposée par la Commission. Nous nous sommes tenus à cette rédaction pour des considérations extrêmement simples et auxquelles je vous demande de vous arrêter.

Ces considérations sont les suivantes : Lorsque nous nous sommes trouvés en présence de coopératives patronales, nous nous sommes demandé à quel signe on pouvait les reconnaître. Eh bien, nous avons été dans l'obligation de constater, après bien des efforts, que tous les criteriums proposés ne nous donnaient pas satisfaction, et ils ne nous donnaient pas satisfaction parce que, lorsque les capitalistes veulent avoir une influence sur une Coopérative, lorsqu'ils ont en fait une influence sur une Coopérative, c'est d'une façon qui quelquefois est impondérable, qu'il est impossible de saisir, et nous avons voulu, allant beaucoup plus loin que ne le demandait la motion du Pas-de-Calais, nous avons voulu que le Comité confédéral, toutes les fois qu'il lui apparaîtrait, sans qu'il y ait d'autres signes tangibles, précis, extérieurs, invariables, que sa conviction agissant comme un jury de cour d'assises puisse dire : c'est une Coopérative patronale, et nous n'en voulons pas: le seul criterium que nous avons, qui, celui-là est certain, c'est la souveraineté des actionnaires, et il ne faut pas qu'elle soit seulement dans les statuts, qu'elle soit seulement légale, il faut qu'elle soit entière comme il faut que soit entier le pouvoir de dénoncer et d'écarter de notre organisation les Coopératives patronales partout où elles seraient; et en sens contraire, à l'heure actuelle, il se trouve, et on vient de vous le dire, dans les deux organisations qui fusionnent, des Coopératives qui, soit par des billets de loterie de peu de valeur, soit par des œuvres tout à fait désintéressées, peuvent être encouragées par des patrons qui n'ont aucun rapport avec elles (de même qu'il est arrivé, par la plus bizarre aventure, à Gustave Hervé de recevoir une donation d'un militaire) il peut arriver que des capitalistes veuillent favoriser la coopération, et précisément il ne fallait pas par un texte qui peut faire écarter une Société, il ne fallait pas retirer à des gens qui avaient du capital le droit de l'affecter à la coopération.

Sous le bénéfice de ces observations, je vous demande de vous en tenir au texte des statuts, parce que ce qui fait votre sauvegarde, ce n'est pas un texte nous enfermant comme on enferme un homme entre deux gendarmes, parce que c'est votre conscience de coopérateurs, parce que ce sont les hommes qui demain dirigeront votre mouvement au Comité confédéral. (*Applaudissements.*)

Mahieu. — Si je saisis bien le sens de ces observations, la motion du Pas-de-Calais est trop précise. L'on nous dit : Vous allez écarter les Sociétés qui recevront même des lots pour une tombola. Point n'est là le fond de notre pensée; nous avons apporté des faits précis, nous avons dit que telle Société ne paie que 1 fr. 50 de loyer, 1 fr. 50 d'éclairage et le charbon au prix de revient, et cette Société, pour laquelle on construit un immeuble de 100.000 francs, avec raccordement au chemin de fer, cela est un fait assez précis. Pour Saint-Quentin, il y a assez de socialistes pour maintenir l'ingérence patronale hors de leur Société.

Le Président. — Nous sommes d'accord.

Mahieu. — Pourquoi ne pas l'insérer dans le texte des statuts? On dit : C'est un cas d'espèce. Mais toute la région du Pas-de-Calais est infestée...

Héliès. — A l'article 5, il est dit ceci : Il faut adhérer aux

Fédérations de la région territorialement délimitée. Si votre Fédération estime ne pas devoir accepter la Société de Lens, le Comité confédéral ne pourra pas l'accepter. (*Approbation.*)

CLEUET. — Alors ne faites pas d'article 4.

POISSON. — Pour la raison indiquée, toutes les Sociétés coopératives ont toujours le droit de venir devant le Congrès et de faire appel si une Fédération ne les a pas acceptées, et c'est le Congrès qui se prononce en dernier ressort; mais dans le cas précis d'une Société patronale demandant son adhésion, le Comité confédéral ne pourra pas l'admettre puisqu'elle aura été refusée par la Fédération... (*Interruptions.*)

Quand une Société demande son adhésion, elle s'adresse à sa Fédération; la Fédération, pour des raisons indiquées par Mahieu dans le Pas-de-Calais et dans le Nord, refuse la Société. Nos camarades du Pas-de-Calais et du Nord ont autant d'intérêt que nous à voir leur organisation régionale grandir, se développer, il y a donc neuf chances sur dix pour que les raisons pour lesquelles cette Société sera refusée soient extrêmement bonnes. Mais il est aussi évident que nous devons avoir la souveraineté, non pas d'une Fédération, car ce n'est pas dans le Nord ou le Pas-de-Calais que cela pourrait exister mais il pourrait y avoir un cas où une Société serait victime de l'ostracisme ou de la vindicte d'une Fédération, un cas sur cent: elle ira en appel devant le Comité confédéral qui jugera comme elle 99 fois sur 100. Le Comité confédéral approuverait ou désapprouverait, et au-dessus il y a la dernière juridiction, qui est la souveraineté même du mouvement coopératif, qui en face d'une Société non acceptée, tranchera la question de savoir si oui ou non, en fait, cette Société est patronale ou non.

Dans ces conditions, je crois que Mahieu et la Fédération du Pas-de-Calais peuvent avoir toute confiance dans l'avenir du mouvement coopératif pour interpréter dans le sens de leur amendement le texte même du pacte d'Unité; y ajouter quoi que ce soit, c'est le diminuer, c'est le préciser, mais c'est le préciser en l'imprécisant, puisque à travers passeront des Sociétés patronales et seront exclues des Sociétés comme la *Fraternelle* de Saint-Quentin.

MAHIEU. — Les explications d'Héliès et de Poisson nous donnent un semblant de raison, mais il ne faut pas que la Fédération nationale accepte des Sociétés non fédérées... (*Protestations.*)

POISSON. — Dans les statuts, il arrivera que nécessairement elles devront être territorialement fédérées, et nous ne faisons qu'un souhait, c'est que la Fédération fasse pour l'organisation centrale ce que l'organisation centrale a fait pour que les Sociétés soient fédérées. La question ne se pose plus; il faudra obligatoirement être fédéré et confédéré, et la Fédération du Pas-de-Calais et quelques adhésions qui nous manquent encore, ne manqueront pas de nous venir demain. (*Approbation.*)

CLEUET. — Quels que soient les arguments donnés par Poisson et le rapporteur, j'admets que nous n'avons pas, lorsque nous discutons les Statuts d'une Fédération qui, je l'espère, sera prospère, à examiner si les Fédérations et les membres des Congrès futurs connaîtront assez leur affaire pour ne pas accepter dans notre future organisation des Sociétés auxquelles Mahieu a fait allusion tout à l'heure. Mais nous avons, surtout, à faire des Statuts pour que, lorsque ces cas d'espèce viendront dans notre Congrès, il n'y ait aucune nouvelle discussion de principe et aucun malentendu possible.

La meilleure preuve que nos camarades de la Commission unitaire sont aussi soucieux que nous de trouver quelque chose, ils nous l'ont donnée : c'est parce qu'ils n'ont pas trouvé de formule, c'est parce qu'ils n'ont pas trouvé le moyen de la mettre dans les Statuts. Et s'ils ne l'ont pas trouvée, c'est qu'ils voyaient tout de même toute l'utilité de la mettre.

Je vous soumets donc un texte, le président en donnera lecture : je ne l'ai fait ni dans aucun esprit de suspicion pour qui que ce soit, ni non plus en pouvant penser que des Sociétés patronales pourraient être admises dans la Fédération nationale des Coopératives de France. Ce n'est pas mon idée; mon idée est de préciser les Statuts de façon à débarrasser les futurs Congrès de discussions et de malentendus toujours regrettables.

LE PRÉSIDENT. — Voici l'amendement Cleuet ajouté à la fin de l'article 4 :

« ...ou les Sociétés constituées par le patronat et fonctionnant avec son concours permanent ».

Tout le monde est d'accord; nous avons éliminé les Sociétés capitalistes ou patronales, et nous pouvons considérer que l'amendement présenté par Cleuet n'est pas autre chose qu'une interprétation du texte soumis à vos délibérations.

Si vous jugez nécessaire d'ajouter un texte qui ne fait que double emploi avec la formule actuelle, nous ne pouvons l'accepter, au point de vue du texte; il s'agit de savoir si nous devons doubler un texte.

GIDE. — Je trouve dangereux de refuser les Sociétés qui sont fondées par les patrons; je crois que l'antipathie que vous inspirent les Sociétés patronales vous fait entrer dans une voie dangereuse; vous allez tarir une des sources les plus fécondes qui puissent grossir un jour la Fédération; remarquez qu'avec la loi qui supprime les économats, il va y avoir, dans un très grand nombre d'industries, des Sociétés de consommation qui ne seront que des économats transformés et, par conséquent, je l'admets, patronales dans les débuts, mais il n'est pas dit qu'elles le restent, et votre rôle c'est précisément de recueillir et même de chercher les Sociétés qui sont nées du patronat et de les émanciper peu à peu.

Si vous leur faites un tache originelle et indélébile du fait qu'elles auront été fondées par les patrons, vous leur fermez l'accès de la Fédération et, par là, à une émancipation quelconque.

Il faut penser que lorsque des Sociétés fondées par des patrons demanderont l'adhésion à la Fédération nationale, elles feront, par cette demande même, un acte d'indépendance et un pas en avant vers l'émancipation. Et alors si à ce moment vous les refusez, vous les rejetez du côté capitaliste et patronal et vous leur dites : restez-y toujours! nous ne voulons pas de vous!

Que vous rejetiez celles qui maintiennent en effet dans leurs Statuts une direction patronale, à la bonne heure, mais ne les excluez pas par le simple fait qu'elles ont été fondées par des patrons, parce que, quoique fondées par des patrons, elles peuvent devenir plus tard des Sociétés indépendantes ou même socialistes.

DAUDÉ-BANCEL. — Je préférerais qu'on s'en tienne au texte de la Commission; parce que, contrairement à ce qu'à dit Cleuet, très bien intentionné, il est évident qu'une Société coopérative qui fonctionnerait selon les principes qu'il nous indique, qui serait constituée par le patronat et fonctionnerait avec son concours permanent, ne serait pas une Société coopérative et nous ne pourrions pas l'admettre.

CLEUET. — Elles existent comme cela.

DAUDÉ. — Cette Société ne serait pas juridiquement une coopérative. Voilà pourquoi je ne pourrais pas la considérer comme telle. Nous lui demanderions la preuve de son caractère coopératif ; elle serait embarrassée pour le fournir.

La question ne se pose pas, et il vaut mieux s'en tenir au texte de nos amis et s'en rapporter, pour l'admission, aux décisions des Fédérations régionales et du Comité confédéral, quitte ensuite, en cas de différend, à en faire juge le Congrès annuel.

MAUSS. — Je n'aurais rien à dire si M. Gide n'avait pas parlé des Coopératives patronales avec une certaine indulgence que je ne puis pas partager, spécialement en tant que représentant une coopérative des Vosges, où sur 90 Sociétés, nous avons un très grand nombre, peut-être 50, qui déguisent un économat ; c'étaient des économats il y a 6 mois, 4 mois, elles le sont toujours. Je crois que la définition de la société patronale, est quelque chose de très difficile. Quel doit être le signe de la Société patronale ? Réservez la jurisprudence à cet égard ; mais cependant, étant données les observations de M. Gide, je crois qu'il serait grave de ne pas donner dès maintenant quelques principes à cette jurisprudence ; ces principes seraient peut-être très longs à établir aujourd'hui, et je ne ferai pas de motion pour que ceci soit discuté en ce moment. Mais cela peut être un sujet intéressant pour un prochain Congrès, et il serait grave et imprudent de laisser au seul pouvoir des Fédérations d'une part et du Comité confédéral de l'autre, de discuter souverainement de ces questions sans direction de notre part.

ALBERT THOMAS. — A tout péché, miséricorde !...

GIDE. — Tout ce que je demande, c'est que l'origine patronale ne soit pas considérée comme une tare de bâtardise perpétuelle...

CLEUET. — Je ne vois pas du tout que dans la phrase : « Sociétés capitalistes ou patronales, etc... », je ne vois pas du tout dans cette phrase de l'art. 4, les Sociétés que nous visons. Ces sociétés ne sont pas des Sociétés capitalistes ni patronales, ce sont bel et bien, quoi qu'en pense Daudé, des Sociétés coopératives, et tout à l'heure, M. Gide me disait qu'il se rallierait à mon amendement si je supprimais cette partie « fondées par le patronat » ; je veux bien le retirer.

Nous pourrions ajouter « ou les Sociétés fonctionnant avec le concours permanent du patronat ».

Plusieurs voix. — Sous le contrôle...

Mauss. — Il y a bien des signes que je connais, dont je ne parle pas, il y en a cent autres.

Le Président. — Laissez cela au Comité confédéral.

Le Rapporteur. — Mauss, d'un côté, venant confirmer ce qu'a dit le président, a démontré qu'en réalité, la coopérative patronale ne peut se distinguer qu'à des signes insaisissables, et nous sommes obligés de nous en rapporter, d'abord, à la conscience des coopérateurs, de ceux qui dirigent le mouvement de par le mandat que leur ont confié leurs camarades : en second lieu, de nous en rapporter également à ce que nos études dans l'avenir et nos Congrès pourront préciser. (*Cris de : aux voix !*)

Le Président. — Cleuet a-t-il le texte de son amendement ?

Cleuet. — Non.

Le Président. — Je mets aux voix l'art. 4. (Adopté.)

La parole est à Bernard-Lavergne, rapporteur de la Commission de vérification des mandats.

Bernard-Lavergne. — La Commission de vérification des mandats a été saisie d'une seule contestation. Celle-ci a été déposée par la « *Société des Ouvriers métallurgistes de Montataire* », contre la Société l'*Egalitaire*, de Montataire.

Les deux arguments que la Société protestataire fait valoir, sont extrêmement simples, mais vous allez comprendre qu'ils sont insuffisants : D'une part, l'*Egalitaire* existe dans la même ville qu'elle, et lui fait concurrence. En outre, l'*Egalitaire* n'est pas adhérente à l'une des deux anciennes Fédérations coopératives.

Le Congrès, il suffit de le rappeler, a été convoqué sur la base que toutes les Sociétés existant à l'heure actuelle en France, adhérentes ou non à l'une des deux anciennes Fédérations, pouvaient participer au Congrès. Il n'y a donc aucune raison qui empêche l'*Egalitaire* de Montataire de participer au Congrès au même titre et avec les mêmes droits que les *Ouvriers métallurgistes* de Montataire. Il va sans dire que, dans l'avenir, la Fédération nationale prendra des mesures pour instituer la discipline coopérative indispensable. Il faudra que, dans une localité, il ne se trouve pas plusieurs Sociétés en concurrence ; mais cette réforme exigera beaucoup de temps. Il sera nécessaire de donner aux Sociétés un délai suffisant pour qu'elles puissent fusionner ou disparaître. Nous ne pouvons trancher ici cette difficile question de la concurrence coopérative. Il est matériellement impossible de n'admettre qu'une Société par localité, l'application de cette règle aurait pour résultat d'exclure un grand nombre de Sociétés ou la moitié peut-être de celles qui sont représentées au Congrès.

La protestation des ouvriers métallurgistes de Montataire est donc fondée sur l'ignorance des bases d'après lesquelles le Congrès a été convoqué ; il est nécessaire de la rejeter. La Commission de vérification des mandats vous propose de décider que la Société l'*Egalitaire* de Montataire a régulièrement le droit de participer au Congrès, à charge pour le Comité central de la Fédération nationale de prendre ultérieurement toutes mesures utiles pour établir la discipline coopérative.

Levasseur. — La question de l'*Egalitaire* de Montataire ne se pose pas exactement comme le rapporteur vient de le dire.

Il n'y a pas à proprement parler de protestation de la Société des *Ouvriers métallurgistes* de Montataire, mais la marque d'une surprise que l'*Egalitaire* de cette ville soit représentée ici, étant données les conditions particulières dans lesquelles elle s'est constituée.

C'est à la suite d'une assemblée générale de la Société « l'*Union des Ouvriers métallurgistes* » que les administrateurs, battus sur certaines questions, décidèrent de partir et de constituer en face de la Société existante, une Société nouvelle.

Ce qui est particulièrement scandaleux, c'est qu'au lendemain de cette Assemblée générale, ces administrateurs encore en fonctions, d'accord avec le gérant, emportèrent par la force un gros stock de marchandises qu'ils vinrent chercher avec des voitures.

J'ai été chargé d'une enquête sur ces faits et j'en ai constaté la rigoureuse exactitude.

Nous nous trouvons donc en face d'une Société constituée

par des dissidents n'ayant pas voulu accepter les décisions souveraines de l'Assemblée générale.

Ce serait donner une prime à la division coopérative que d'admettre cette Société.

Je suis surpris d'apprendre que l'*Egalitaire* de Montataire est adhérente à un des organismes centraux...

Une voix. — Elle ne l'est pas.

LEVASSEUR — Raison de plus pour ne pas l'admettre.

La constitution de cette Société a été faite dans des conditions anormales et étranges ; le Congrès ne peut encourager la division, la désunion.

Le Délégué de la Société des Ouvriers métallurgistes. — Ce fait est d'autant plus important que les dissidents nous ont pris 20,000 francs de marchandises. Nous leur avons accordé un an pour réfléchir ; pendant cette année, on ne nous a pas répondu. Par conséquent, le 11 mai 1911, nous avons été dans l'obligation de nous adresser au juge de paix ; il n'ont pas voulu répondre. Après que nous sommes revenus à la charge, — j'ai une lettre qui le prouve — ils demandent au juge de paix la dissolution de la Société, la vente de l'immeuble. Il serait impossible qu'il soit permis de recevoir parmi nous des Sociétés qui agissent ainsi.

LE PRÉSIDENT. — Le Congrès n'est pas saisi du différend ; il y a une question des conditions d'adhésion au Congrès.

BERNARD-LAVERGNE. — J'estime qu'il serait très dangereux pour le Congrès d'entrer dans la discussion des raisons pour lesquelles les ouvriers métallurgistes de Montataire ont à se plaindre de la concurrence de l'*Egalitaire*. Si ce procès était instruit, il est probable que nous aurions des regrets ou des blâmes à exprimer ; mais le procès n'est pas pendant devant le Congrès, de sorte que nous n'avons aucune raison de prendre parti pour l'une ou l'autre des deux Sociétés. La seule question est celle-ci : le Congrès coopératif a été réuni sur la base que toutes les Sociétés existant à l'heure actuelle en France en pourraient faire partie ; — ceci pour répondre à Levasseur qui affirme que la Société ne doit pas participer au Congrès, car elle n'est pas adhérente à l'une des deux anciennes Fédérations centrales. J'ajoute que la participation au Congrès n'implique pas du tout l'affiliation ultérieure à la Fédération nationale.

La question de l'affiliation se posera demain, elle ne se pose aucunement aujourd'hui.

Sous le bénéfice que la participation au Congrès n'implique pas l'affiliation d'une Société à l'organisme central, je demande purement et simplement au Congrès de ratifier la décision de la Commission de vérification.

Poisson. — Je propose que les deux Sociétés, étant donné les conditions dans lesquelles le Congrès est convoqué, aient droit à leur représentation, mais spécialement pour la Coopérative l'*Egalitaire*, les réserves les plus expresses sont faites par l'organisation nationale, et le Comité confédéral aura à faire une enquête.

Levasseur. — Je demande qu'une enquête soit faite à Montataire. (*Approbation.*)

Le Président. — Il y a 603 Sociétés représentées à notre Congrès par 375 délégué. (*Applaudissements.*)

Nous allons maintenant suspendre la séance pour assister à la réception de la municipalité.

(La séance est levée à 4 h. 30.)

DEUXIÈME JOURNÉE

Lundi 30 Décembre 1912 (matin)

La séance est ouverte à 8 h. 45. sous la présidence d'Héliès, assisté de Jouhannet. de Roanne. et Cozette. d'Amiens.

POISSON. — Si vous le voulez bien. citoyens. en attendant que la salle soit plus garnie. nous commencerons par discuter un certain nombre d'articles qui me paraissent devoir être acceptés sans de longs débats. (*Approbation.*)

ART. 19. — Les Statuts sont toujours revisables. les demandes de revision doivent être faites au Comité confédéral six mois avant le Congrès. Les résolutions de Congrès ne peuvent être modifiées que par un Congrès.

(*Adopté.*)

ART. 20. — Pour tout ce qui n'est pas prévu aux Statuts, le Comité confédéral prendra les mesures nécessaires. afin d'assurer le bon fonctionnement de la Fédération Nationale jusqu'au Congrès suivant.

(*Adopté.*)

ART. 21. — En cas de dissolution. les fonds doivent aller au M. D. G., ou, en cas d'impossibilité, à l'Alliance Internationale.

DENIAUD. — Je demande que la cotisation soit remboursée à chaque Société. en cas de dissolution.

DANIEL. — L'article premier indique que la nouvelle organisation se subdivise peut-être en deux organes, un de propagande et un commercial, le M. D. G. On demande ici qu'en cas de dissolution. les fonds aillent au M. D. G. S'il y avait une dissolution de la Société. ce serait la Fédération nationale qui disparaîtrait ; nous avions pensé que le M. D. G. était un sous-organe de la Fédération nationale.

POISSON. — La Fédération nationale est l'organisation morale du mouvement coopératif, et le M. D. G. en est l'organisation commerciale : mais ils sont absolument séparés.

Les Statuts du M. D. G. continueraient à exister dans les mêmes conditions. et quand nous disons « les fonds doivent aller au M. D. G. ». cela a un sens précis. puisque le M. D. G. est une institution à côté de la Fédération nationale. Au cas où le M. D. G. succomberait, nous donnerions à l'Alliance internationale les fonds ; et du même coup, je réponds au camarade demandant à distribuer les fonds aux Sociétés : il est évident que s'il arrivait un pareil cataclysme, l'état des Sociétés serait tel que leur redonner de l'argent serait inutile ; il vaut mieux consacrer le principe, comme dans beaucoup de nos Coopératives, que cet argent, qui est du reste bien peu important, quelques milliers de francs à peine, sera consacré aux vues qu'on s'était proposées, c'est-à-dire à la propagande coopérative. Il faut supposer d'ailleurs qu'il n'y aura jamais lieu à l'application de cet article.

(*Adopté.*)

LE PRÉSIDENT. — Nous passons aux articles 9 et 10.

ART. 9. — Dans l'intervalle des Congrès, l'administration de la Fédération nationale est confiée au Comité confédéral. Il est constitué par les délégués des Fédérations et par un Conseil central de 21 membres, nommés par le Congrès, au scrutin de liste et, en cas d'absence d'accord, à la représentation proportionnelle.

ART. 10. — Au cas de représentation proportionnelle, les listes présentées au Congrès comprendront obligatoirement 21 noms et aucun candidat ne peut être inscrit sur plus d'une liste.

Chacun des votants marque sur la liste l'ordre de préférence de ses candidats.

La répartition se fait sur la base du quotient électoral.

LE RAPPORTEUR. — Sur ces deux articles, nous avons reçu quelques amendements.

ALLARD. — A Ermont, nous avons demandé qu'on désigne cinq suppléants. C'est pour éviter ce qui s'est produit maintes fois : des camarades plus ou moins dévoués et qui manquent aux séances.

J'ai remarqué dans presque toutes les organisations ce qui se produit : beaucoup de camarades — il y en a de dévoués, ce sont toujours les mêmes — sont négligents ; c'est pour parer à cela que nous demandons qu'il y ait 5 suppléants. Nous voulions même demander — ce n'est pas dans le texte — que les camarades qui étaient désignés et qui, après une absence de 3 ou 4 séances, ne viendraient pas, seraient remplacés par les suppléants. Nous estimons que 21 membres, ce n'est pas de trop ; nous voulons toujours un noyau certain de camarades.

Poisson. — Dans le projet de statuts, il y a deux cas : le cas où une seule liste est présentée au Congrès, une liste d'entente; en pareil cas, il n'y a pas lieu à proportionnelle. La proportionnelle ne doit fonctionner qu'au cas où il y a deux listes complètes en présence et non pas des hommes seuls. En cas d'une seule liste, il n'y a pas de proportionnelle; dans ce cas, la proposition d'Allard est très bien. Au cas de représentation proportionnelle, il y aura lieu à envisager cinq suppléants, et on pourrait ajouter : « après trois absences consécutives, sans excuse », les suppléants remplaceront les titulaires. La Commission accepte cela.

Un Membre.— Comment seront nommés les cinq suppléants ?

Poisson. — Puisque ce serait une liste d'entente, ils seraient nommés à la suite des titulaires, mais ce n'est applicable qu'au cas où il n'y a pas R. P.; quand il y a R. P., il n'y a pas lieu à suppléant, parce que s'il y a un manquant, ou s'il y a lieu de remplacer un membre pour absences consécutives, ce sont les noms pris sur chaque liste qui remplaceront les manquants.

(Adopté.)

Poisson. — Il y a un amendement du Pas-de-Calais qui demande 9 membres au lieu de 21 au Conseil. Il est inutile, me semble-t-il, de le soutenir; il vaut mieux qu'un Conseil soit le moins nombreux possible; mais il faut tenir compte de l'opportunité. Nous faisons l'Unité, nous avons deux Conseils de 15 membres, il est peut-être nécessaire que des éléments de chacun de ces groupements dans la plus large mesure possible puissnt entrer dans l'organisation nouvelle. Nous avons été obligés de nous séparer des services de certains de nos camarades, soit du Comité central, soit du Conseil d'administration de la C. C. S. O.; comme cela n'a pas une importance très considérable, je demande que le chiffre de 21 soit maintenu; il pourra éviter des froissements personnels et permettra, malgré tout, avec un nombre assez restreint, de faire de bonne besogne.

Le Président. — Le camarade du Pas-de-Calais maintient-il son amendement ?

Laforge. — Comme délégué, nous ne voyons aucun inconvénient à ce que le Conseil central se compose de 21 membres, mais au Congrès de la Fédération du Pas-de-Calais, nous avions cru qu'avec 9 membres, c'était suffisant pour la direction toute particulière que fait le Conseil central, entre les réunions des

Comités confédéraux. et nous avions cru qu'il y avait également
là une question d'économie. Si les camarades jugent qu'il y a
utilité et nécessité pour le scellement de l'Unité, pour éviter
les froissements des camarades de l'Union coopérative et de la
Confédération à ce qu'il y ait 21 membres, nous ne voyons pour
notre part aucun inconvénient.

Poisson. — Je viens retirer à Laforge un dernier scru-
pule; cela ne coûtera rien du tout; le Conseil d'administration
est composé de camarades habitant Paris: je regrette qu'il ne
soit pas composé aussi de camarades de province. Le jeton de
présence était de vingt sous: ce n'est pas cela qui coûtera bien
cher. Il s'agit du Conseil et non pas du Comité confédéral.

Le Président. — L'amendement est retiré. (*Approbation.*)

Poisson. — La *Laborieuse*. de Saumur. demande qu'on paie
les délégués au Comité confédéral. A la Confédération des
Coopératives. on a toujours payé les frais des délégués des
Fédérations au Comité confédéral; je suis convaincu que c'est
la règle qui sera appliquée par le Conseil futur. Je tiens à dire
que, pourtant. cela ne me semble pas un objet de statuts; c'est
une règle qui sera certainement la nôtre. Je crois que je peux
en prendre l'engagement au nom du Comité unitaire: mais je
demande que les camarades ne mettent pas cela dans les statuts.

Boudios. — On ne paie que les frais de chemin de fer ?

Poisson. — Le Conseil central dans notre organisation, paie
à l'heure actuelle les frais. et si nous mettons dans les statuts le
paiement des délégués. il va falloir que nous nous expliquions.
que nous sachions si ce sont les frais de chemin de-fer et de
séjour. C'est une question purement administrative et qui doit
incomber à l'organisation nouvelle. au Comité confédéral.

Drouet (de la *Laborieuse*. de Saumur). — En présence de
ces explications. nous retirons notre amendement.

Poisson. — Il a été proposé que les listes présentées seront
sans panachage et le dernier quotient sera attribué selon le système des moyennes. Ce sont des camarades très proportionnalis-
tes qui nous ont demandé d'aller jusqu'au bout de l'idée: il n'y
a aucun inconvénient à l'accepter.

Syon. — J'aurais voulu que dans la nouvelle direction de la
Confédération des Coopératives. on donne une part plus pré-

pondérante aux Fédérations régionales. On parle de réduire le nombre des administrateurs, de l'augmenter, etc...

Ces observations viennent à leur place ; je ne fais pas de proposition, je donne notre manière de penser, pour que la sténographie en prenne note, et pour que cette idée mûrisse et que, plus tard, on voie ce qu'on a à faire. Au jour où nous créons la future organisation, j'aurais été désireux de voir donner une part plus grande aux Fédérations dans sa direction.

Je sais bien que trois fois par an on réunit le Comité confédéral, mais cela ne nous donne pas satisfaction complète. Nous aurions voulu qu'à tous les Conseils mensuels, les Fédérations soient représentées par des délégués titulaires ou suppléants que chacune aurait pris chez un ami de Paris, en un mot, une sorte d'organisation d'ordre national, comme cela existe au point de vue politique et syndical. Il n'y a pas d'inconvénient à introduire cela dans notre organisation. Ce n'est pas la suspicion jetée sur les 21 membres que nous allons désigner, mais un contact permanent, régulier, mensuel existerait entre toutes les Fédérations et nous aurions ainsi donné la direction du mouvement coopératif à l'ensemble des délégués des Fédérations, délégués titulaires quand ils pourront se déplacer, délégués suppléants lorsqu'ils diront à un Parisien : Représentez-nous à telle séance et votez dans tel esprit.

Je termine en disant : ce n'est pas une proposition, mais une indication que je donne afin que nous soyons sûrs que dans la France entière les Fédérations de province soient véritablement représentées et dans les Assemblées générales et dans les Assemblées directrices de notre organisation.

Poisson. — Si au Conseil d'administration, tel qu'il va être nommé, il était possible de faire entrer des délégués véritables des Fédérations qui puissent assister tous les quinze jours ou tous les mois à nos réunions, ce serait avec grand plaisir que nous les mettrions sur la liste du Conseil d'administration ; notre camarade aurait complète satisfaction. Mais il y a un danger à faire représenter des Fédérations par des délégués qui n'en sont pas membres. Comme le Conseil d'administration est obligé de se réunir à Paris, c'est là qu'on prendra les membres du Conseil d'administration et que les Fédérations prendront des suppléants ; et l'expérience, non seulement dans la coopération, mais au point de vue politique et syndical, me permet d'affirmer que c'est la plus mauvaise des représentations, car ces délégués suppléants ne rendent jamais compte de leur mandat, font tout ce qu'ils veulent et n'ont aucune responsabilité, tandis que, s'ils sont nommés par le Congrès, ils ont une responsabilité. Comme Svob, je désire que nous soyons bientôt assez riches pour que, dans le Conseil d'administration, il y ait des camarades appartenant aux Fédérations et pouvant se déranger eux-mêmes, mais non pas des suppléants. Ils pourront venir au Conseil quand les Fédérations régionales elles-mêmes pourront être assez riches pour payer tous les mois les frais d'un délégué, membre du Conseil d'administration. A ce moment, c'est avec plaisir que nous mettrons des camarades de province aux responsabilités. (*Approbation.*)

Poisson. — Amendement de la *Prolétarienne du 18e* : Au cas de R. P., les listes ne pourront contenir que 21 noms.

Il n'y a pas de proportionnalité possible si les listes ne contiennent pas *obligatoirement* 21 noms. La différence, c'est qu'on nous propose de ne mettre que des listes qui n'ont pas plus de 21 noms, ce qui est évident; s'il n'y a que 21 élus, on ne peut présenter 25 personnes: mais pour que la R. P. fonctionne, il n'y a pas possibilité de faire des listes qui n'aient pas 21 noms obligatoirement. Nous proposons donc de repousser l'amendement. (*Approbation.*)

(*L'amendement est repoussé.*)

Poisson. — Deuxième point: choix par tendances. C'est un vœu que, pour notre part, nous estimons très juste et très heureux, mais le jour où il y a proportionnelle, c'est parce qu'il y a des tendances différentes, et dans chaque tendance, il est évident qu'il peut y avoir des sous-tendances; mais nous ne pouvons pas mettre cela dans les statuts. Par conséquent, la Commission repousse cet amendement.

(*L'amendement est repoussé.*)

« Les listes seront dans n'importe quel ordre ».

L'ordre alphabétique est en pareil cas l'ordre le meilleur; c'est une règle d'administration que nous pouvons sanctionner par une déclaration du rapporteur au Congrès sans introduire cela dans les statuts. Il sera entendu que les listes seront dans l'ordre alphabétique. (*Approbation.*)

(Les articles 9 et 10 sont adoptés.)

Art. 11. — Le Comité confédéral est chargé de la propagande en général, de poursuivre la réalisation des résolutions des Congrès nationaux et internationaux; il prend toutes les mesures exceptionnelles que peuvent exiger les circonstances. Il élit son bureau.

(*Adopté.*)

ART. 13. — Le Comité confédéral se réunit normalement trois fois par an non compris la réunion qui a lieu la veille du Congrès. Le Conseil central se réunit au moins une fois par mois. Il est chargé de la gestion dans l'intervalle des réunions du Comité confédéral.

A chaque réunion du Comité confédéral, le Conseil central présente un rapport moral et financier de la gestion du trimestre.

Le Délégué de la Ruche tourangelle. — Je remarque que pour la validité de vos réunions, vous n'avez pas indiqué le nombre des membres du Comité fédéral et du Comité central qui devront assister à ces réunions. Dans nos statuts, nous indiquons toujours le minimum d'administrateurs qui doivent assister à nos séances pour pouvoir délibérer. Je serais désireux que Poisson fasse connaitre son avis à ce sujet.

POISSON. — Il vaut mieux ne pas fixer de quorum. Le Conseil peut être obligé de prendre des mesures — elles sont efficaces — pour exiger la présence des administrateurs, puisque, au bout de trois fois, ils n'appartiendront plus au Conseil. Je crois que cela suffit et qu'il ne faut pas insister pour demander un quorum; le quorum ne signifie point grand chose en pareil cas, car dans tous nos Conseils d'administration, les camarades viennent; on commence quelquefois comme dans ce Congrès, à très peu, mais finalement, le quorum est obtenu.

Malgré la bonne intention de l'auteur de cet amendement, celui-ci ne me parait pas désirable. (*Approbation.*)

(*L'art. 13 est voté.*)

LE RAPPORTEUR. — Passons à l'article 12.

ART. 12. — Il faut, pour être candidat au Conseil central, être sociétaire à une Coopérative de consommation adhérente à la Fédération nationale et avoir le minimum de consommation imposé par la Société.

POISSON. — Sur ce point, il y a un amendement : la *Prolétarienne du 18e* demande qu'on soit présenté par sa Société.

MAUSS. — Il serait logique de faire une légère modification

qui éclairerait les statuts. Je crois que le projet de statuts comporte une faute de plan à propos de l'art. 12 et des art. 10 et 9... (*Interruptions*). Je suis informé à l'instant qu'ils sont adoptés. Si vous m'interrompez, je serai plus long... Je crois qu'un seul article portant sur l'ensemble des conditions et du mode d'élection au Comité central serait plus heureux que la phrase absolument incompréhensible par laquelle vous terminez l'art. 9.

LE PRÉSIDENT. — Je suis obligé de consulter le Congrès : si c'est une question de forme et de rédaction, mettez-vous d'accord avec les secrétaires.

POISSON. — Nous sommes en ce moment à l'art. 12.

LECAILLON. — Il n'est pas nécessaire d'introduire cela dans les statuts, est-ce que ce ne sont pas les Fédérations qui vont choisir en partie les candidats pour les envoyer ? Les Fédérations seront dans leur rôle.

POISSON. — Le Comité central n'est pas l'élu des Fédérations ni des Sociétés, mais de la souveraineté du Congrès. Nous ne pouvons pas accepter l'amendement de la *Prolétarienne du 18ᵉ* à cause de cela, c'est que présenté par sa Société, c'est donner le droit à une Société d'empêcher un homme appartenant à la Coopération française d'être membre du Conseil d'administration. Il suffirait, pour qu'on puisse éliminer un homme, que la Société à laquelle il appartient ait pu avoir des difficultés avec lui : cela est arrivé à bien des coopératives de ne pas être tout à fait d'accord dans leur Société avec leurs administrateurs ; il y a des questions de jalousie, ou même les administrateurs ont de mauvaises méthodes auxquelles ces camarades pourraient en opposer de bonnes. Si on lui imposait d'être présenté par sa Société, cet homme serait éliminé du Conseil central et ce serait une atteinte à la souveraineté du Congrès, puisque le veto d'une seule Société empêcherait les autres d'envoyer un homme qu'elles croient utile à l'administration du Conseil central.

En conséquence, nous n'acceptons pas l'amendement de la nomination par sa Société.

BASSAND. — La *Prolétarienne* n'est pas là pour défendre son amendement ; il serait cependant bon de ne pas se contenter de ce simple argument fourni par le rapporteur : qu'il est impossible d'accepter la méthode préconisée par la *Prolétarienne du 18ᵉ*.

A la *Lutèce*, nous en sommes partisans ; nous pensons qu'il est indispensable d'introduire cela dans les statuts. Pourquoi ? Pour éviter les personnalités. Si vous voulez faire de la réelle démocratie, il faut les éviter à tout prix.

Si vous n'introduisez pas cela, vous arriverez à laisser se constituer dans les Comités une sorte d'aristocratie dont il vous serait très difficile, lorsque vous en sentiriez la nécessité, de vous en débarrasser.

De plus, par la création de cette aristocratie, vous porterez préjudice à la coopération : car elle pourra être demain de capacité inférieure à celle des générations nouvelles qui pourraient y entrer, et y faire de la meilleure besogne.

Vous aurez ainsi créé des pontifes qui seront nommés à vie au Comité confédéral, alors qu'ils n'auront aucune responsabilité, devant des Sociétés dont ils ne seront pas membres.

Si vous acceptiez la motion présentée par la *Prolétarienne du* 18ᵉ, tous ces inconvénients disparaîtraient.

Nous sommes convaincus que, si vous voulez une représentation effective du mouvement coopératif, il est indispensable d'introduire cela dans les nouveaux statuts, parce que cela affirmera la responsabilité des Sociétés qui présenteront un candidat. Ce ne sera pas Bassand qui sera candidat, mais le représentant de la *Lutèce Sociale* ou de la *Bellevilloise* qui auront chacune de leur côté à veiller à ce que leur candidat assiste aux séances et suive une ligne de conduite déterminée.

Vous avez déjà obtenu quelques garanties dans ce sens. Nous croyons qu'il est indispensable de faire plus. Nous sommes un peu pessimistes sur les résultats que peut donner l'Unité ; mais, si vous la consacriez par la création de cet aréopage, vous le regretteriez avant longtemps.

BRUON (de la *Famille Nouvelle*). — Il nous est impossible de voter l'amendement pour différentes raisons. On a dit qu'il était absolument nécessaire d'être présenté par sa Société, nous estimons que c'est antidémocratique, parce que le Comité central ne doit pas représenter seulement la Société, mais toutes les Sociétés. Les camarades qui sont loin du siège central, ne pourront pas présenter de délégués parce que les frais occasionnés par leur représentation seraient trop onéreux et s'il arrive qu'un membre appartienne à deux Sociétés (je suis dans ce cas) : j'appartiens au Restaurant coopératif la *Famille Nouvelle*, et à l'*Egalitaire* — et alors que je suis très bien avec la

Famille Nouvelle, qui peut me présenter comme comme candidat, je puis être mal avec l'*Egalitaire* et si l'*Egalitaire* ne veut pas se faire représenter par moi, comment distinguer si je suis présenté par ma Société ?

Il est nécessaire, si vous voulez faire de la bonne besogne, que vous ajoutiez qu'il faut être présenté par une Société.

Je ne discute pas les autres conditions relatives à la consommation et autres, mais il me semble forcé que vous acceptiez l'amendement d'être présenté par une Société.

LE PRÉSIDENT. — Nous mettons aux voix l'amendement « être présenté par sa société ».
(*L'amendement est repoussé.*)

, POISSON. — L'*Avenir Social* du 15ᵉ demande qu'au lieu du minimum imposé, on mette « moyenne de consommation de la Société ». Cela me semble impossible.

MIRAUT (de l'*Avenir du* 15ᵉ). — Il est évident que c'est tout à fait normal qu'on impose la moyenne de consommation à ceux qui veulent diriger le mouvement. Si vous donnez seulement à ces gens le minimum de consommation, il y a des Sociétés qui imposent un minimum de 10 francs, c'est ridicule...

POISSON. — Nous ne pouvons pas accepter la moyenne de consommation, car alors la situation serait véritablement dangereuse pour un camarade appartenant à une Société où la consommation serait extrêmement forte, et au contraire, elle serait extrêmement avantageuse dans une Société où la consommation moyenne serait extrêmement faible. Moins la Société serait fidèle à son organisme, plus il serait facile d'atteindre la moyenne de consommation : de sorte que ce n'est pas une prime à la moyenne de consommation, aux meilleurs coopérateurs des meilleures coopératives, c'est au contraire les Sociétés où on est le moins fidèle où il sera le plus facile d'obtenir la moyenne de consommation. La seule chose qui soit logiquement acceptable, c'est le minimum de consommation imposé par la Société.

Ce que propose la Région parisienne, c'est le minimum de consommation imposé pour être membre d'une Commission statutaire. Si vous adoptez l'amendement de la Région parisienne, il faut au moins avoir appartenu à une Commission statutaire pendant un an, et par le fait même, vous aurez accepté le minimum de consommation imposé pour y appartenir.

Je vous demande qu'avec cette double garantie de consommation effective et de pratique coopérative effective, vous n'acceptiez pas la moyenne, mais le minimum de consommation. (*Approbation.*)

FOUGERON (de l'*Espérance* de Bléré). — On pourrait dire que le membre consomme normalement à sa Société.

POISSON. — Il y aura une discussion à chaque Congrès pour savoir ce qu'il faut entendre par consommation normale, parce que vous ne pouvez pas avoir autant d'articles dans une coopérative de Paris ou une coopérative de province.

LE PRÉSIDENT. — Nous allons voter sur l'amendement.
(*L'amendement est repoussé.*)

PAUL ALEXANDRE (de la Région parisienne). — On éprouve le besoin de prendre des garanties en ce qui concerne les candidats administrateurs ; on demande que le minimum imposé par la Société soit, également, imposé pour l'administration générale. Nous poussons plus loin la garantie en exigeant que pendant un an au moins, ils aient fait partie, soit d'un Conseil d'administration, soit d'une Commission de contrôle ou d'un Cercle coopérateur. Nous voulons arriver à ce résultat que s'il y a des théoriciens de la coopération et s'il y a des praticiens, il faut que les deux arrivent à se mélanger. On peut être très bon théoricien, il n'y a pas de raison pour ne pas être également très bon praticien. Il est essentiel pour les théoriciens qu'ils passent un certain temps dans l'administration d'une société de façon à pouvoir en parler en connaissance de cause. Loin de moi l'idée de déclarer que le théoricien est sans valeur, ce n'est pas dans ma pensée, mais il est facile au théoricien de passer par la pratique.

Voilà pourquoi nous demandons des garanties — et Poisson faisait remarquer combien tout cela était lié, de sorte que celui qui sera candidat au Conseil d'administration sera celui qui aura pu l'être dans sa Société... Je vous demande d'accepter l'amendement proposé par la Fédération parisienne.

POISSON. — La Commission a un peu hésité à accepter cet amendement ; mais si le commentaire que nous pouvons en faire est précis, nous nous y rallierons volontiers...

« Il faut, pour être candidat au Conseil central, être sociétaire à une coopérative de consommation et avoir la moyenne de consommation de la Société. »

Poisson. — Poser le principe d'être un coopérateur pratique est excellent ; 2° le candidat devra être présenté par une Société, dit l'amendement. Nous croyons que c'est à la souveraineté de l'Assemblée à qui il appartient, et à elle seule, du soin de nommer les membres du Conseil d'administration. Toutefois, comme il n'y a aucun inconvénient à trouver un excellent coopérateur ayant joué un rôle quelconque à la Société qui veut bien le présenter, nous nous rallierons à l'amendement de la Fédération parisienne.

Il y a une troisième condition imposée par la Fédération : il devra avoir siégé dans une Commission statutaire ou avoir fait partie du bureau d'un Cercle de coopérateurs. Du moment qu'on ajoute le bureau d'un Cercle de coopérateurs dans le sens d'un Comité d'éducation coopérative, nous acceptons, car il n'y a pas un camarade ayant joué un rôle coopératif qui n'aura pas été pendant un an dans ces conditions.

Dans la pensée de nos camarades de la Région parisienne, il est entendu qu'avoir fait partie d'une Commission statutaire, cela signifie par exemple avoir fait partie des Conseils d'administration des deux organisations centrales qui ont existé jusqu'alors, c'est-à-dire que cela ne vise par conséquent personne du Comité central et du Comité de la C. C. S. O.; c'est simplement une règle d'avenir.

Dans ces conditions, nous sommes prêts à nous rallier à cet article.

Sellier (de la *Revendication*, de Puteaux). — Je ne suis pas d'accord avec le rapporteur en ce qui concerne l'amendement de la Région parisienne. Je demande qu'on ne l'adopte pas parce qu'il est tout à fait inutile et qu'il ne fera qu'ajouter à nos statuts des dispositions qui les surchargeront sans nécessité.

On vous dit : Pour être administrateur, il faudra avoir été membre d'une Commission statutaire. C'est d'abord une expression extrêmement vague ; qu'est-ce qu'une Commission statutaire d'une Coopérative ? C'est une question qui donnera lieu à discussion ; cela n'est de nature à écarter personne puisqu'on vous dit : ou membre du Conseil d'administration d'un Cercle. Poisson a élargi en disant qu'il s'agissait d'un Comité d'études coopératives. C'est enfantin d'ajouter des dispositions de cette nature.

Si un camarade ne remplit pas les conditions voulues pour
être candidat. il sera facile d'en trouver trois ou quatre autres
pour former une Commission d'études coopératives. pour se
targuer de fonctionner administrativement. Il est inutile de mettre dans les statuts des dispositions qui aient l'air de dispositions de principe de nature à assurer la valeur coopérative des
membres, qui en fait. seront inopérantes et nullement de nature
à porter atteinte aux difficultés qui se présenteront.

La seule question est celle-ci : il en est de cela comme du
minimum d'achat. Il est inutile de préciser d'une façon aussi
nette la qualité des gens candidats au Conseil d'administration :
c'est le Congrès lui-même qui sera qualifié pour choisir parmi
les candidats quels sont ceux qui ont une valeur coopérative
ou non ; et tous les éléments que vous avez indiqués sont des
éléments moraux d'une très grande valeur. qui peuvent peser
dans la décision de chaque délégué qui déposera son bulletin
dans l'urne ; mais il est inutile de traduire ces éléments moraux
par des règles statutaires.

J'indique un autre inconvénient qui rentre un peu dans la
catégorie de ceux dont Bassand parlait tout à l'heure. On a l'air
de faire deux catégories ; il paraît qu'il y a des gens qui. autrefois. ont siégé dans le Conseil d'administration des organismes
centraux sans être coopérateurs ; il est inutile de remplir la
qualité primordiale d'avoir administré une Coopérative ; pour
les autres, on exigera cela. Il y a. comme on disait. les anciens
pontifes qui ont fait une place au siège du Conseil d'administration. et d'un autre côté. le peuple vulgaire des coopérateurs dont
on exige des qualités spéciales qu'il est d'ailleurs permis à tout
le monde de remplir. C'est pourquoi l'article est inutile. Je demande qu'on n'insère pas dans les statuts une disposition qui
n'est pas de nature à gêner personne. mais qui est de nature à
allonger sans aucune espèce d'utilité les dispositions statutaires
qui sont déjà très compliquées.

PAUL ALEXANDRE. — Sellier traite d'enfantin cette disposition. Dans ce cas. j'ajouterai que l'article 12 lui-même est inutile ; on a éprouvé le besoin de prendre certaines garanties qui
consistent en ce que le candidat ait un minimum de consommation.
surtout à ce qu'il appartienne à une Société de la Fédération ; on aurait très bien pu ne pas rédiger l'article 12 : à quoi
sert-il ? Il est sous-entendu que le candidat devra être membre

d'une Société appartenant à la Fédération ; pourquoi le mettre si vous trouvez que c'est le surcharger de prendre de nouvelles garanties. L'article 12 lui-même devient inopérant ; il ne doit pas exister. Nous, nous insistons pour qu'à ces garanties déjà admises, on ajoute celle que nous avons développée tout à l'heure. On saura très bien si tel candidat a formé un Cercle d'études quelque temps avant le Congrès, et on pourra le démasquer à ce moment. Il suffira simplement que le candidat ait été, à un certain moment, dans une Coopérative en qualité d'administrateur ou de membre de la Commission de contrôle ou du bureau d'un Cercle coopérateur, cela paraît être une garantie tout à fait élémentaire.

Le Président. — Je mets l'amendement aux voix.
(L'amendement est adopté.)

Bruon (de la *Famille Nouvelle*). — Je m'abstiens sur le vote ; mais je voulais demander si, dans cet amendement, est comprise la partie « présenté par une Société » ; alors, je vote pour l'amendement : je demande la division, je suis obligé de voter pour « une société » et contre l'autre disposition.

Le Président. — On va voter par division.
(Poisson donne lecture de la première partie.)
(Adoptée.)

(Lecture de la deuxième partie.)
(Adoptée.)

Poisson. — Vous avez un amendement de l'*Union économique* d'Auray : elle n'est pas là pour soutenir son amendement ?
(Personne ne répond.)

Mauss. — Le vote article par article ne préjuge rien sur l'ensemble ?

Le Président. — Naturellement.
Nous passons à l'article 14.

Nast, rapporteur. — Une Commission de contrôle sera nommée par le Congrès et devra faire un rapport.

Sur cet article 14, nous avons deux amendements : l'un de l'*Union économique* d'Auray, qui n'est pas représentée, par conséquent écartons l'amendement ; un autre de la *Coopérative* d'Ermont, demandant qu'il soit ajouté au nombre des membres de cette Commission de contrôle deux membres suppléants.

Tenneveau (de la *Bellevilloise*). — On a écarté un amendement sous le simple prétexte que son auteur n'était pas là. Or, à l'instant même, Bassand a pris la parole pour une Société qui n'était pas représentée. Je demande qu'il soit donné lecture de l'amendement d'Auray, de façon que, s'il pouvait intéresser le Congrès, nous puissions discuter.

Le Rapporteur. — L'amendement d'Auray est ainsi rédigé :

« Les membres de la Commission de contrôle ne seront pas rééligibles avant l'intervalle d'un an. »

Le Président. — Que ceux qui sont d'avis d'accepter l'amendement lèvent la main.

(*L'amendement est rejeté.*)

Le Président. — L'amendement d'Ermont est accepté par la Commission.

(*L'amendement est adopté.*)

Je mets aux voix l'article 14.

(*Adopté.*)

Art. 16.— La Commission mixte, prévue par le pacte d'Unité, comprendra 3 membres élus par le Comité confédéral sur la proposition du Conseil central, et 3 membres élus par le M. D. G. Elle remplira son rôle dans les conditions suivantes, acceptées d'accord avec le M. D. G.

Emanation des deux organes de Coopération et des mêmes Coopératives par la nécessité de la double adhésion, la Commission mixte devra assurer l'unité d'action du mouvement. Chaque organisation conservant l'autonomie nécessaire pour mener à bien la tâche qui lui est confiée.

Si la Commission le décide, un de ses membres pourra être désigné pour assister à une réunion de l'un ou l'autre des Conseils des deux groupements.

Sur la demande de l'une ou l'autre des deux organisations, la Commission sera appelée à discuter de toutes les questions d'intérêt général intéressant le mouvement coopératif.

De toutes façons, la Commission devra se réunir une fois au moins tous les trois mois pour examiner la situation coopérative générale.

Il ne pourra être pris de résolutions, dans l'une ou l'autre des deux organisations, sans entente préalable sur les points suivants :

a) Revision des Statuts.

b) Organisation et rôle commercial des Fédérations : modifications aux circonscriptions territoriales des Fédérations : emploi de la subvention du M. D. G. destinée à la propagande fédérale.

c) Organisation d'entrepôts régionaux ou d'entreprises de production.

d) Ordre du jour, lieu et date des Congrès et Assemblées générales.

c) Questions internationales

(POISSON. — Il y a un amendement de suppression par Lucas, de la Fédération du Nord-Ouest.

LUCAS. — Nous demandons la suppression tout au moins d'une partie de cet article, parce que je trouve qu'il est lié à l'article 7, puisque justement c'est la Commission mixte qui sera chargée d'indiquer si oui ou non, les Fédérations auront le droit de faire acte de commerce ou non. Je demande que, si on ne veut pas supprimer cet article, on le réserve pour l'article 7.

POISSON. — La Commission mixte continue à exister telle qu'elle est : on peut lui donner plus ou moins d'attributions au point de vue de son rôle. Le point de vue du rôle commercial des Fédérations dépendra, non pas de l'article 16, mais de ce qui sera décidé à l'article 7. Vous pouvez donc voter l'article 17 et Lucas aura satisfaction sur ce point.

LUCAS. — Je demande qu'on réserve le paragraphe *b*.

MAUSS. — Une petite suppression : il faudrait supprimer la phrase incompréhensible : « émanation des deux organes de la Confédération » et de même « coopérative », par la nécessité de la double adhésion : pourquoi ne pas commencer simplement le paragraphe à « la Commission mixte » ?

.POISSON. — Il y a affirmé dans ces deux lignes, une chose importante : l'obligation de la double adhésion à la Fédération nationale et au Magasin de gros, obligation qui est pour l'avenir sans doute, mais qui est l'affirmation du principe auquel nous devrons arriver un jour.

LE PRÉSIDENT. — Je mets l'article 16 aux voix.
(*Adopté.*)

POISSON. — Nous passons à l'article 15

ART. 15. — Un Office technique de la Coopération, chargé
d'étudier toutes les questions de législation, de droit, de statistique, d'histoire et d'information étrangère, est constitué au sein
de la Fédération nationale. Il est placé sous la direction et le
contrôle du Comité confédéral. Il est composé : d'actuaires, de
juristes, de parlementaires et d'hommes de science désignés par
le Comité.

L'organisation intérieure de l'Office et ses relations avec le
Comité confédéral sont réglés par ce dernier.

LE RAPPORTEUR. — Il y a la question de l'Office technique
de la Fédération.

Sur cet article, il y a deux amendements, l'un de la Société
l'*Union économique*, d'Auray, qui demande qu'on vise spécialement dans cet Office technique, à côté des personnes qui étu-
dieront les questions au point de vue technique, les personnes
qui feront de l'enseignement coopératif. On élargit ainsi le caractère de cet Office...

LE PRÉSIDENT. — Je mets aux voix l'amendement.
(*L'amendement est repoussé.*)

ALLARD. — On demande qu'on ajoute simplement un mot
« Office technique et éducatif ».

POISSON. — Pour l'amendement d'Auray, la Commission
technique est chargée surtout de renseigner la Fédération nationale, de lui donner d'utiles conseils et d'être un instrument de
documentation. La question d'une école de coopération, comme
nous en avons fait cette année, est une chose toute différente,
elle est à l'heure actuelle préparée par l'Ecole socialiste ; elle le
sera encore tant que nous ne serons pas en mesure de faire cette
école avec nos propres ressources.

En attendant, nous n'avons pas à la remettre à une organisation mixte ; ou il faut accepter ce qui existe, l'Ecole socialiste
voulant bien préparer cette école du coopératisme, ou la Fédération la fera elle-même, sans avoir besoin d'aucun organisme
à côté.

PRUDHOMMEAUX (de Versailles). — J'estime qu'il serait tout
à fait fâcheux de laisser à une organisation étrangère, si sym-
pathique qu'elle puisse être, la mission d'organiser ce qui me
semble être la besogne la plus importante et la plus urgente
de la Fédération, c'est-à-dire l'éducation coopérative. Aussi, je

demande pour mon compte qu'on adopte l'amendement qui vous est présenté, de façon que cet Office technique, qui sera composé de savants, d'économistes, d'hommes éminemment qualifiés pour enseigner aux autres, essaie de prendre pour lui cette tâche de formation des coopérateurs qui, dans l'état actuel du mouvement en France, doit être l'essentiel de notre œuvre.

Tant que la coopération, chez nous, n'aura pas réalisé plus de progrès qu'elle n'en a fait jusqu'à ce jour, nous devrons travailler à l'éducation des coopérateurs. Dès lors, et en attendant que nous ayons un service éducatif spécial, je considère qu'il faut confier à l'Office technique, dont on nous propose la création, le soin d'organiser, dans les meilleures conditions possibles et avec la collaboration des autres organisations disposées à nous prêter leur appui, l'éducation coopérative en France.

DE BOYVE. — J'appuie absolument la proposition de Prudhommeaux. Le but actuel de la coopération doit être l'éducation ; elle doit être faite par nous dans tout le pays.

J'ai demandé ici aux coopérateurs anglais combien il y avait de membres dans leurs Sociétés coopératives qui connaissaient clairement l'idéal de la coopération. Ils m'ont répondu 15 o/o.

Cependant, ils dépensent plusieurs millions pour l'éducation !

Nous, si on nous posait la même question, nous arriverions à un chiffre bien inférieur.

Il importe que nous connaissions l'idéal que nous poursuivons.

Notre devoir est donc d'avoir un Comité d'éducation dans notre nouveau groupement ; c'est une organisation qui s'impose.

CHARLES GIDE. — Je trouverais regrettable que dans nos Statuts le mot d'éducation ne figurât pas ; je ne sais pas s'il se trouve ailleurs, mais s'il ne se trouve pas ailleurs je demande qu'on l'insère là.

LE RAPPORTEUR. — Je répondrai d'abord à M. Gide que, dans les Statuts, l'éducation figure à différents endroits : l'éducation est visée à la propagande, article 18, on parle des Cercles d'études, d'éducation et de propagande.

Un Membre. — Ce n'est pas la même chose.

LE RAPPORTEUR. — L'article 3 qui définit le but de la Fédération, indique qu'elle a pour but l'édition de publications en vue du perfectionnement, de l'organisation et de l'extension de l'activité des Sociétés, et, paragraphe C, un service juridique, ainsi que l'organisation de cours d'enseignement coopératif. C'est donc textuellement dans les statuts, et il n'y a aucune raison par conséquent d'adopter l'amendement d'Auray, qui est superflu et vient créer une confusion sur le rôle du Comité technique qui va réunir des matériaux qui survivront à la Fédération: mais qui n'a pas à être constitué spécialement en vue de faire de l'éducation coopérative. C'est le rôle de la Fédération nationale.

De Velna. — Poisson a dit tout à l'heure que l'éducation coopérative, nous l'entreprendrions plus tard, quand nous aurions des moyens et des ressources. Nous sommes d'accord: mais si nous voulons l'entreprendre plus tard, il faut la préparer dès aujourd'hui; il faut faire en sorte qu'une Commission éducative soit instituée statutairement. Cela ne veut pas dire que la Commission éducative fonctionnera immédiatement; seulement, la prévision en sera faite dans les statuts et elle pourra fonctionner beaucoup plus facilement dans l'avenir.

Je me demande s'il n'y a pas contradiction d'une part, à refuser l'institution de cette Commission; d'autre part, à parler de la nécessité, pour être candidat au Conseil fédéral, d'être membre d'un Cercle éducatif. La Commission d'éducation sera en quelque sorte le Conseil supérieur de ces Cercles d'éducation. Je crois donc que ce serait une très bonne chose de prévoir statutairement dès maintenant le fonctionnement de cette Commission éducative.

Henriet. — J'avais cru que le Comité qu'on veut instituer était un Comité exclusivement technique, c'est-à-dire d'information, documentant la coopération sur tout ce qui se passe à l'étranger et sur les questions techniques.

Mais la question s'est développée davantage puisqu'on veut en faire un Comité d'éducation, tout au moins par l'amendement d'Auray. Je suis aussi partisan de ce Comité d'éducation, mais pas sous cette forme. La façon dont ce Comité est indiqué dans les statuts n'indique pas du tout qu'il a pour but l'éducation proprement dite: ce n'est qu'un Comité d'information, mais les paroles prononcées tout à l'heure par Poisson me démontrent qu'il était nécessaire de bien s'expliquer sur cette question.

Quand il disait: on a confié à l'École socialiste le soin d'organiser l'enseignement coopératif, et cela continuera jusqu'à ce que nous ayons les ressources nécessaires, je dis que cela est inadmissible, mais cette école ne peut dépendre du Comité technique; c'est en dehors. Je suis partisan de l'école des coopérateurs, mais je dis comme tous les camarades que c'est la coopération elle-même qui doit l'organiser.

Tout à l'heure, je me proposais de développer cette question pour les cotisations. Il sera nécessaire, il y a une nécessité absolue, de le faire. On doit accepter le projet tel qu'il est et reparler tout à l'heure du Comité d'éducation dans la partie qui aura trait à la cotisation; car il faut de l'argent pour établir notre propagande, pour créer cette éducation, et alors c'est là que nous aurons l'occasion d'indiquer les choses à faire.

Je demande qu'on vote l'article tel qu'il est rédigé et que nous renvoyions cette discussion pour indiquer au Comité confédéral le rôle qu'il aura à remplir.

THOMAS. — Je voudrais présenter quelques observations qui, sur le fond, sont analogues à celles d'Henriet, mais tendent à une conclusion tout à fait opposée.

Henriet vous propose de repousser l'amendement des camarades d'Auray; moi, je vous proposerai d'introduire les deux mots « et éducation coopérative » ou d'enseignement coopératif: mais il s'agit de savoir exactement ce que nous faisons; lorsque nous aurons les deux mots, qu'aurons-nous dit ? Nous aurons dit simplement que l'Office technique que vous chargez de l'étude des questions législatives, parlementaires, statistiques, etc.... s'occupera également des questions d'éducation coopérative; mais il s'en occupera en restant exactement dans son rôle; je veux dire son rôle consultatif, et je pense que tous ici, vous êtes d'accord pour laisser à la Confédération comme telle, au Conseil central comme tel, le soin de diriger dans le pays l'éducation coopérative. Si vous faisiez le contraire, si vous sépariez les questions d'éducation et les questions d'organisation, vous réduiriez l'œuvre du Conseil central dans une mesure qui n'est en aucune manière dans vos esprits. Si ultérieurement, allant dans le sens des observations présentées par de Boyve, Prudhommeaux, le Conseil central sent qu'il a toute la force nécessaire pour créer dans son sein l'organe d'éducation et de propagande, car pour nous les deux choses sont liées, il le fera, et je demande que, sous la réserve de ces observations, on adopte les deux mots proposés par les camarades d'Auray, avec cette signification que l'Office technique s'occupera d'éducation coopérative, mais s'en occupera à titre consultatif comme pour toutes les autres questions.

POISSON. — Il n'y avait pas cela dans l'amendement d'Auray, il y avait les mots « enseignement coopératif et composé de personnes enseignant la coopération, etc. » Cet amendement était inacceptable ; c'est un autre amendement que nous allons voter maintenant.

J'ajoute que, malgré tout, ceci ne va pas changer le rôle du Conseil central au point de vue de l'éducation coopérative, mais « les Cercles, groupes d'éducation et de propagande... » Si vous constituez une organisation semblable à celle qui existe en Angleterre, c'est à cet article qu'il faudra proposer l'amendement que vous proposiez tout à l'heure, de Boyve...

LE PRÉSIDENT. — Que ceux qui sont d'avis d'accepter l'amendement lèvent la main.

(L'amendement est repoussé.)

Il y a l'amendement Thomas : « d'histoire, d'information étrangère et éducation coopérative... »

(Adopté.)

LE RAPPORTEUR. — Il y a un amendement de la Fédération parisienne :

« Pour des objets déterminés, la Fédération nationale pourra constituer des Commissions techniques ayant un caractère provisoire. Ces Commissions seront chargées d'étudier des questions de législation, de droit, de statistique, d'histoire et d'information extérieure.

« Elles seront composées suivant la nature des besoins auxquels elles seront appelées à répondre. »

PAUL ALEXANDRE. — Nous commentons cet amendement :

« Un rouage permanent nous paraît inutile, jusqu'à un certain « point, dangereux...

Ce n'est pas, encore une fois, la phobie des intellectuels qui nous fait agir, mais la même préoccupation qui se dégageait tout à l'heure. Nous estimons inutile qu'il y ait à côté de l'organisme central un corps composé de personnalités qui pourrait avoir, à un certain moment, des tendances à s'opposer à l'organisme central ; il faut qu'il reste dans la dépendance du Conseil central. Voilà pourquoi nous proposons que, pour des objets déterminés, il pourra être constitué des Commissions chargées d'étudier certaines questions, mais cet organe n'aurait pas un caractère permanent.

THOMAS. — Je suis dans une situation un peu bizarre au point de vue de la coopération. J'ai fait partie momentanément. même au temps où j'étais déjà parlementaire, d'une organisation centrale, du Comité central de notre Confédération des Coopératives ; j'y ai travaillé et j'y ai assez travaillé pour m'être rendu compte de mon incompétence.

Lorsque tout à l'heure, vous avez défendu au nom de la Fédération des Coopératives parisiennes l'amendement par lequel vous exigiez des camarades qui feront partie du Conseil central des compétences pratiques, j'avoue que j'étais à fond de cœur avec vous, et j'y ai été à fond parce que, par expérience, j'ai constaté bien souvent dans les longues soirées que nous avons passées rue Fagon, à quel point, pour les questions pratiques quotidiennes, j'étais incompétent, parce que je n'avais pas distribué les boites de sardines ou compulsé les comptes dans l'arrière-boutique de la coopérative. Je n'ai donc plus aucune ambition de faire partie d'une organisation comme le Conseil central. Seulement, je vais, non pas tant en mon nom personnel qu'au nom des nombreux camarades qui sont dans mon cas. demander qu'il y ait un office permanent, office juridique, office statistique, législatif, comme il plaira de l'appeler, office technique, comme on a dit dans les statuts, qui permette à tous ceux qui par leur besogne quotidienne ou par suite de telles circonstances, y compris même leur caractère de bourgeois, sont peu en état de devenir de bons coopérateurs, soient tout de même en mesure de rendre au mouvement coopératif, sans aucune idée d'intervenir dans sa direction et dans sa conduite, tous les services que le mouvement coopératif peut attendre d'eux. C'est pour cela que je viens demander au Congrès de maintenir l'Office technique tel qu'il est prévu.

Je le lui demanderai également au point de vue pratique, car l'Office technique, sur ma demande, le Congrès de Calais l'avait déjà établi. Il n'a pas extrêmement fonctionné pour une bonne raison, c'est que peut-être les ressources dont il disposait n'étaient pas suffisantes ; mais ce que je tiens à marquer, c'est qu'une Commission technique provisoire, temporaire, pour une question donnée, serait loin de rendre au Conseil central les services qu'il peut attendre d'un Office technique.

Imaginez qu'une question quelconque parlementaire, d'information étrangère surgisse, si vous avez votre Office technique permanent, à côté de l'organisation du Conseil central, immédiatement, le secrétaire du Conseil central ou les membres du Conseil central savent à qui ils peuvent s'adresser. savent le camarade de l'Office qui déjà depuis plusieurs années a pu se spécialiser dans telle question particulière, et la consultation, le dossier, la documentation dont le Conseil central a besoin. elle peut lui être immédiatement fournie.

J'ajoute que ce qui me fait souhaiter que l'Office technique soit un office permanent. je dirai même. j'ai déposé hier un amendement dans ce sens... qu'il ait des liens un peu plus étroits avec le Conseil central ou le Comité confédéral : ce qui me le fait souhaiter. c'est que par là vous pourrez maintenir en contact beaucoup d'hommes qui, en raison de leurs occupations multiples. sont loin de la coopération.

J'entends par là. nous l'avons dit nous-mêmes. soit dans les discours de fêtes. soit ici. qu'il y avait une nécessité de développer à l'extérieur la puissance d'action, la puissance de diffusion et de propagande de la coopération. qu'à aucun moment peut-être il n'avait été plus nécessaire d'entrainer l'organisation des consommateurs. peut-être par l'Office technique parviendrez-vous à vous maintenir en contact avec les consommateurs de bonne volonté à qui il manque très souvent d'être encouragés et soutenus et stimulés pour l'action coopérative. (*Approbation.*)

Le Président. — Je mets l'amendement de la Fédération de la Région parisienne aux voix.

(*L'amendement est repoussé.*)

Le Rapporteur. — Il y a un amendement Thomas. sur les conditions de pure administration dans lesquelles va fonctionner cet office technique: nous ne pouvons pas préciser dans les statuts en ce qui concerne cet office. comme en ce qui concerne n'importe quelle Commission de travail. que le Comité confédéral verrait utilité de nommer. indiquer qu'il y aura un secrétaire. un secrétaire adjoint: il peut se faire qu'il y ait d'autres fonctions nécessaires instituées dans ce Comité technique ; il peut y avoir nécessité de deux secrétaires adjoints.

Sur un second point. à savoir que le secrétaire de l'Office technique assisterait avec voix consultative aux réunions du Comité central. du Comité confédéral, nous ne croyons pas qu'il soit opportun de créer cela d'une façon permanente. Il est évident que c'est ainsi que le Congrès interprétera le sens de l'article 15 toutes les fois qu'il sera nécessaire pour le Comité confédéral ou le Conseil central d'appeler à une de ses séances un membre de cet Office technique pour l'interroger et lui demander son avis, on le fera dans la pratique...

(Thomas retire son amendement.)

THOMAS. — J'avais déposé mon amendement, parce que je considérais que les mots « un règlement d'ordre intérieur sera élaboré par le Comité », pouvaient être un peu dangereux. Ce que je voulais, c'était indiquer dans quelles conditions l'Office consultatif devait fonctionner à côté du Conseil central. Le vote que vous avez émis tout à l'heure me donne satisfaction quant à l'esprit; je n'insiste pas pour le texte de l'amendement.

LE PRÉSIDENT. — Nous mettons l'article 15 aux voix. *(Adopté.)*

(Le rapporteur donne lecture de l'art. 17).

ART. 17 — Le Congrès annuel aura lieu à la même date et au même lieu que l'Assemblée du M. D. G.

A ce Congrès, les sociétés ont droit à une voix jusqu'à cent adhérents, au-dessus de ce chiffre, elles auront droit à un suffrage par cinq cents sociétaires en plus.

LE RAPPORTEUR. — Il y a un certain nombre d'amendements qu'on peut grouper en trois catégories: d'abord celui de la *Prolétarienne du* 18ᵉ demandant que le Congrès, au lieu de siéger tous les ans, siège tous les deux ans.

JACQUE (du 18ᵉ). — Nous estimons qu'il n'y a pas une grande utilité à ce qu'il y ait congrès tous les ans: cela cause de gros frais, et très souvent les questions, dans l'espace d'un an, n'ont pas été étudiées à fond. Quand un congrès vient d'avoir lieu, on exécute les décisions prises et cela ne donne des résultats d'application qu'au bout d'un certain temps, si bien que vous arrivez au bout de votre année sans avoir des résultats appréciables; et puis, je le répète, il y a la question financière.

LE RAPPORTEUR. — Le Congrès de la Fédération doit être organisé de manière à coïncider avec l'Assemblée du Magasin de Gros. Dans ces conditions, on peut considérer que le minimum de dérangement se trouvera, dans la pratique, à la charge des sociétés. Il n'y a absolument aucune charge, puisque ce sera pour le M. D. G. que les membres seront délégués et en même temps pour le Congrès de l'Union des Fédérations.

Par conséquent, à ce point de vue, nous croyons devoir maintenir notre texte.

En ce qui concerne le nombre des délégués, comme vous le verrez tout à l'heure, nous proposons également que le mode de votation soit le même que dans le M. D. G. Il y a là une harmonie que nous demandons au congrès d'établir entre les assises du M. D. G. et les assises de la Fédération nationale.

HENRIET. — Je demanderai, comme les assemblées du M. D. G. ont lieu en novembre, qu'on les mette en été; novembre n'est pas une bonne date pour un congrès.

LE PRÉSIDENT. — Le M. D. G. fera en sorte qu'elles aient lieu en août ou septembre, de façon à les rapprocher tout en faisant son inventaire à la même date....

Je mets aux voix la proposition de tenir le Congrès tous les deux ans.

(*Repoussée.*)

(Même votation que pour le M. D. G.)

DALMONT. — Dans les campagnes, on se réunira plus facilement dans la première quinzaine de septembre, entre les vendanges et la moisson.

LE PRÉSIDENT. — Notre camarade représente la tendance agricole, mais il y a d'autres camarades qui pourraient dire : au moment de la Sainte Barbe, on ne fait pas du bon travail... (*Rires.*)

LE RAPPORTEUR. — Il y a un amendement de la Fédération des coopératives du Pas-de-Calais qui tendrait à modifier le principe d'après lequel on votera dans les Congrès de la Fédération. Au lieu d'établir le nombre de voix en proportion du nombre de membres, la Fédération du Pas-de-Calais demande que les sociétés aient droit à une voix par 100 francs de cotisation ou fraction de 100 francs.

LE PRÉSIDENT. — La parole est au camarade Laforge.

Camarades,

La *Fédération des coopératives du Pas-de-Calais*, et particulièrement l'*Ouvrière*, d'Avion et l'*Alliance Lensoise*, donnent à l'article 17, une importance considérable pour l'avenir de la Coopération.

La rédaction de cet article ne peut en aucun point nous donner satisfaction.

Nous sommes persuadés, qu'en toute justice et équité, le Congrès nous donnera satisfaction, et qu'il approuvera notre proposition.

Sur quelle base la Commission d'Unité propose-t-elle la cotisation? Sur le chiffre d'affaires! Nous trouvons, nous, que la représentation aux congrès nationaux doit se baser également sur le chiffre d'affaires.

Pour quelles raisons?

Presque tous les militants de la Coopération sont unanimes aujourd'hui pour déclarer et reconnaitre que la vie des petites sociétés est devenue difficile, pour ne pas dire impossible, par la concurrence effrénée qui leur est faite par les maisons à multiples succursales.

Tous reconnaissent qu'il y a urgence et nécessité de transformer le système actuel de création de petites sociétés dans de multiples communes qui n'acquièrent aucune force morale, n'ont aucune consistance, aucun lien entre elles.

Ils reconnaissent l'utilité de rassembler sous une même direction ces efforts dispersés pour arriver à avoir de fortes et puissantes coopératives régionales, avec de multiples succursales inspirant assez de confiance pour, rallier autour du drapeau coopératif sinon l'unanimité, tout au moins une grande partie des consommateurs de leur région.

C'est lorsque nous reconnaissons cette nécessité, au moment où dans certaines régions nous tentons cet essai, que l'on propose de nous créer de nouveaux devoirs en nous enlevant une grande partie de nos droits.

Si vous permettez, camarades, je vais prendre un exemple.

A l'*Ouvrière*, d'Avion, nous avons, depuis quelques années, mis en pratique le système de succursales qui, entre parenthèses, nous donne d'excellents résultats.

Nous en avons deux de créées; nous allons en ouvrir deux autres: une au commencement de janvier, une autre dans quelques mois.

Nous aurons donc cinq établissements détenant tout ce dont peut avoir besoin un ménage, en épicerie, chaussures, tissus, etc.; deux boucheries et une vaste boulangerie. Nous allons être, et nous le sommes déjà, une force commerciale, dans notre région, contre laquelle les requins financiers viennent se briser les dents.

Que se produirait-il si le système de représentation proposé était appliqué?

C'est que l'*Ouvrière* n'aurait droit qu'à deux mandats. Savez-vous combien elle en aurait, ou plutôt par combien de mandats seraient représentés les coopérateurs actuels de l'*Ouvrière*, s'ils avaient créé, chacun dans leur milieu, des petites sociétés. Ils auraient droit à 20 mandats, en payant moins de cotisations qu'ils ne vont payer.

Ne croyez pas, camarades, que j'exagère pour l'effet de la cause. Le calcul en est facile. Nous avons pour Avion: plus de 600 coopérateurs au magasin: 3 voix; pour la boucherie, 2 voix; pour la boulangerie, 2 voix; soit 7 voix pour Avion. Billy: 200 coopérateurs, 2 voix; 2 voix, boulangerie; 1 voix pour la boucherie: 5 voix.

Sallaumines: 200 coopérateurs, 2 voix; 2 voix, boulangerie; 4 voix et 4 voix pour les nouvelles: 20 mandats.

Comme nous ne doutons nullement que la société continuera sa marche ascendante, comme elle créera encore de nouveaux débouchés, vous voyez donc qu'elle sera toujours infériorisée dans sa représentation.

Cependant, ces camarades auront-ils payé moins de cotisations avec notre méthode? Non, au contraire. Ils en payent bien plus! puisqu'ils trouvent chez nous tout ce dont ils peuvent avoir besoin et que leur consommation en est d'autant plus élevée.

Pour vous en convaincre, il nous suffira de vous dire que la consommation moyenne, par coopérateur, a été, pendant l'année (août 1911 à août 1912) de 1.286 francs, et qu'elle a déjà atteint 1.400 francs.

C'est ainsi que cette année, si la nouvelle organisation avait fonctionné, nous aurions payé la modeste somme de 644 fr. 40 de cotisation à la Fédération nationale, ayant fait un chiffre d'affaires de 1.288.756 fr. 95 pour 1.002 coopérateurs et n'aurions droit, en ce congrès, qu'à 2 mandats pendant que d'autres sociétés, payant par exemple une cotisation de 190 francs, auront droit à 4 mandats.

110 francs : 4 mandats ; 1,400 francs : 15 mandats ; 322 francs :
7 mandats ; 710 francs : 9 mandats, etc.

Nous avons donc le droit de dire que si le Congrès acceptait le système de représentation tel qu'il nous est proposé,
nous serions lésés dans nos droits de représentation aux congrès nationaux.

Nous comprenons parfaitement que les fortes sociétés, dont
la moyenne de consommation est beaucoup moins importante
que la nôtre, ne seront pas aussi lésées dans leur représentation que nous le serons. Les quelques chiffres que je viens de
citer le prouvent surabondamment, puisque pour arriver à
payer une cotisation aussi élevée que la nôtre, il leur faudra un
nombre de coopérateurs d'autant plus important que leur
moyenne sera moindre.

Nous ne voulons pas non plus que les grosses sociétés écrasent les petites. C'est pourquoi nous proposons au Congrès que
les suffrages des sociétés soient proportionnels aux cotisations,
c'est-à-dire au chiffre d'affaires des sociétés.

Nous sommes de ceux qui croyons que les actes valent
mieux que les paroles ; que le devoir des coopératives est de
faire des coopérateurs conscients, convaincus, ne connaissant
plus que le chemin de leurs magasins coopératifs, non pas
pour eux-mêmes, non pour faire plaisir à certains camarades,
mais pour la coopérative même, mais pour l'aide qu'ils apportent, en agissant ainsi, à l'Emancipation des Travailleurs.

Nous pensons et nous disons que la Coopération doit être
de fond et non de surface. Il ne faut pas qu'elle ait l'air d'être,
mais il faut qu'elle soit.

C'est pour éviter que les coopérateurs de fond ne soient
submergés par ceux de surface, que nous proposons au Congrès
que le paragraphe 2 de l'article 17 soit ainsi conçu :

« A ce Congrès, les sociétés ont droit à 1 voix par 75 francs
de cotisations ou fraction de 75 francs. » (*Applaudissements.*)

LAFORGE (Charles), de l'*Ouvrière*, d'Avion ;

délégué de la *Fédération du Pas-de-Calais.*

MAUSS. — Pourriez-vous nous dire si l'*Ouvrière*, d'Avion,
pratique la vente au public ?

COLLON. — Des choses excellentes qui viennent de nous être
dites, je n'en retiens qu'une ; c'est que, puisque la cotisation est

basée sur le chiffre d'affaires.... (*Interruptions.*) (*La fin de la phrase ne parvient pas au sténographe.*)

DELMAS. — Il serait préférable de discuter le mode de représentation après avoir établi le mode de cotisation. Actuellement, nous ne savons pas de quelle façon seront payées les cotisations ; par conséquent, il me paraît prématuré de discuter comment nous serons représentés dans le congrès. Je demande l'ajournement du mode de représentation après la cotisation.

LE PRÉSIDENT. — Nous ne pouvons admettre la première partie et réserver la seconde qui sera modifiée selon qu'on aura accepté le mode de cotisation.

THOMAS. — On veut repousser la discussion qui a son utilité actuellement ; ce qu'on voulait demander au Congrès c'est de décider que la représentation serait proportionnelle à la cotisation, car on peut le discuter maintenant.

LE PRÉSIDENT. — Nous n'avons plus qu'un seul article avant d'aborder la cotisation ; nous allons immédiatement entrer dans l'ordre de discussion indiqué par Thomas. Je vais mettre aux voix le premier paragraphe de l'art. 17.

(*Adopté.*)

LE PRÉSIDENT. — Nous passons à l'art. 18.

LE RAPPORTEUR. — J'avais dans les mains l'amendement de la *Fédération de Bretagne* qui pose un principe qu'on peut discuter dès maintenant :

« Les Fédérations régionales ont droit à une voix, quelle que soit leur importance. »

SVOB. — Décidez-vous de renvoyer cette discussion avec l'autre ou voulez-vous la trancher maintenant ?

LE PRÉSIDENT. — C'est une question de vote ; il est préférable de discuter maintenant.

SVOB. — Nous avons dans la même pensée déposé cet amendement, parce que les fédérations régionales ne peuvent avoir de voix délibératives dans les assemblées générales ; cela nous a paru un peu anormal, parce que, en fait, les fédérations régionales sont bien quelque chose. Nous demandons à titre de justice, d'équité, que les fédérations aient le droit de vote dans les assemblées générales, une voix, quelle que soit leur importance. C'est une consécration de l'organisation fédérale. Cela ne peut être repoussé, à mon avis, par personne, parce que, enfin, il ne faut pas donner aux fédérations un rôle et des droits et ne pas leur appliquer la règle générale.

THOMAS. — Est-ce qu'elles cotiseront. les fédérations? (*Rires.*)

SVOB. — J'ajoute que si nous n'y avons pas pensé. c'est parce que, autrefois, les fédérations cotisaient et notre attention n'a pas été retenue sur ce point spécial. Je ne sais pas si les fédérations sont hostiles; je ne sais pas si elles sont favorables; je pose la question en tant que vote et c'est à vous de voir si vous n'accordez le droit de vote qu'à la condition d'accorder également l'obligation de cotiser.

POISSON. — La proposition de notre camarade Svob ne me parait pas acceptable. pour une bonne raison. c'est que dans une organisation démocratique. on n'a pas le droit de voter deux fois. Or, les fédérations ne sont que des groupements de sociétés qui ont droit au congrès de chaque année. C'est. en vérité, les faire voter en tant que sociétés et les faire voter par-dessus le marché en tant que fédérations. Ces organisations n'ont, par conséquent, à mon avis, aucun droit au vote dans les assemblées générales.

Il y aurait cependant peut-être une exception possible si on entrait dans la voie indiquée par Svob. mais nous ne pouvons la trancher. Le Congrès donne aux fédérations un certain rôle commercial; il sera juste de taxer les fédérations d'après leur chiffre d'affaires pour la cotisation à l'organisme central. Je demande que le vote soit remis après la discussion du rôle commercial des fédérations. (*Approbation.*)

LE PRÉSIDENT. — Puisqu'il y a une demande de retrait de cette partie, celle-ci est réservée.

Nour arrivons à l'article 18.

ART. 18. — Les Cercles et Groupes d'éducation et propagande pourront être représentés au Congrès par un délégué avec voix consultative.

LE RAPPORTEUR. — Il y a un amendement proposé par le *Cercle des coopérateurs de la Bellevilloise* :

« Les cercles... seront représentés par un délégué avec voix délibérative. »

Tenneveau (de la *Bellevilloise*). — Ceux qui, tout à l'heure,
ont assisté à la discussion au moment de la motion de l'article
12, se trouveront tout à fait édifiés et seront certainement d'accord avec nous lorsque nous présenterons cet amendement pour
trouver la nécessité de la représentation avec voix délibérative
dans le Congrès.

Dans la discussion de ce matin, on a montré les antagonismes
qu'il pouvait y avoir entre certains camarades susceptibles d'être
candidats au Conseil central et au Conseil d'administration qui,
sous le coup d'un emballement, aura été transformé, ce qui ne
retire pas, malgré cela, la valeur du militant et la nécessité
d'avoir sa place au Conseil d'administration. Il se peut — et
c'est pour cela que nous demandons que les cercles d'éducation
soient représentés avec voix délibérative dans nos congrès — il
se peut que les cercles ne soient pas toujours en parfait accord
avec le Conseil d'administration de la société: ce sera certainement dans des conditions exceptionnelles et excessivement rares.
mais en tout cas cela peut se produire.

Ceci dit, l'argument principal que nous voyons dans la représentation des cercles, c'est leur passé: dans les sociétés prospères actuellement, sociétés qui quelquefois ont eu des moments
critiques, c'est grâce à l'œuvre des cercles, c'est là où tous les
militants réunis, examinant de très près la situation, faisant la
propagande nécessaire dans le milieu dans lequel ils évoluaient,
c'est à ce moment que dans les sociétés coopératives, les camarades des cercles donnant la note exacte de la coopération, pouvaient dans une certaine mesure faire le recrutement qui a fait
le chiffre d'affaires prospère.

C'est pour ces raisons que nous vous disons: Il est urgent
d'encourager l'action des cercles, et les camarades qui jusqu'ici
restent indifférents à l'administration des sociétés coopératives,
doivent entrer dans les cercles pour pouvoir à la fois s'édu-
quer, préparer le nouveau conseil d'administration, en un mot
faire le nécessaire pour arriver, dans la mesure du possible, à
avoir une société prospère et bien administrée; c'est pour cela
que la *Bellevilloise* demande que, conformément à la tradition
de nos congrès, les cercles coopératifs soient représentés avec
voix délibérative.

Le Rapporteur. — La *Bellevilloise* vient de décrire d'une
façon précise le rôle des cercles de coopérateurs dans le mouve-

ment coopératif. Nous connaissons ce rôle, nous savons quels sont les résultats auxquels ces cercles ont pu aboutir et nous savons qu'ils ont permis le recrutement du mouvement coopératif depuis déjà un certain nombre d'années.

Celui qui vous parle en ce moment est lui-même membre de cercles d'études coopératives. Seulement, nous sommes obligés de tenir compte de ceci, c'est que nous constituons ici une Fédération des sociétés coopératives de consommation; nous considérons que ces cercles d'études sont nécessaires en effet pour encadrer les fédérations au point de vue de la propagande; nous considérons que ces cercles d'études doivent être dans une grande mesure les conseillers, au point de vue de la propagande, de la Fédération...

Cependant, la Commission ne croit pas que les cercles d'études doivent avoir voix délibérative dans le congrès, parce que ce sont uniquement les sociétés coopératives de consommation elles-mêmes qui peuvent être représentées avec le droit de vote. Les cercles d'études coopératives doivent précisément, en vertu de la mission qu'indiquait notre camarade de la *Bellevilloise*, arriver à déterminer les votes dans le congrès, parce que c'est eux qui forment les coopérateurs, parce que c'est l'organisation de propagande qui forme les administrateurs parmi lesquels se recruteront ceux qui dirigeront les fédérations. Mais nous croyons, nous, que, en cela, doit consister la mission des cercles d'études et que, dans les Congrès eux-mêmes, les cercles d'études ne doivent pas demander à avoir voix délibérative.

Maintenant, puisque les cercles d'études encadrent notre mouvement, rien ne les empêchera de constituer, un jour ou l'autre, une Ligue de ces cercles d'études qui prendra les décisions nécessaires et dira à la Fédération: Voilà ce que nous pensons.

Mais sur le principe du vote dans les congrès, la commission estime nécessaire de s'en tenir aux texte proposé.

BASSAND. — Pourquoi ne pas intercaler « les fédérations, groupes et cercles », ce qui en somme au point de vue éducatif et régional a quelque importance? On les insérerait avec cette réserve : « ayant voix consultative ». Cela n'entraînerait pas à des cotisations spéciales, et ensuite cela aurait son utilité, parce qu'il y a des cas où on est obligé de discuter des questions régionales dans le congrès national, et alors la fédération y aurait sa place toute indiquée.

LE PRÉSIDENT. — La *Fédération de Bretagne* a réservé tous ses droits au moment de la discussion sur les fédérations pour l'attitude qu'elle prendra.

BASSAND. — Je demande que ce soit intercalé.

SVOB. — Nous commençons par accepter ce qu'on veut bien nous donner. (*Rires.*)

POISSON. — Nous acceptons à une condition, c'est que les cercles, les groupes d'éducation et les fédérations qui sont reçus à titre consultatif auront bel et bien des cotisations à payer, parce que justement ce sont les groupes d'éducation, les cercles qui ont un devoir de faciliter et d'aider l'action, non seulement morale, mais matérielle de la Fédération nationale.

MAUSS. — Poisson a posé en partie la question que j'allais poser au camarade de la *Bellevilloise*, car je ne voyais pas comment on concevait la cotisation des cercles; Poisson pose la question à propos de la cotisation des Fédérations.

BASSAND. — Je demande l'intercalation de ces simples mots... nous discuterons tout à l'heure les cotisations.

TENNEVEAU. — On ne prête pas assez attention à l'amendement que nous avons apporté. Il faut que je vous rappelle personnellement ce qu'a fait le camarade Héliès en fondant le cercle de la *Bellevilloise* en 1901; alors que cette société périclitait, le cercle l'a relevée. Cela prouve bien la nécessité des cercles... Tout à l'heure on posait la question de cotisation pour la représentation dans le Congrès; avant le Congrès de Calais, le cercle était représenté et ce n'est pas celui de la *Bellevilloise* ni celui des autres coopératives qui soutenaient la nécessité d'avoir de l'argent pour faire de la propagande. Nous demandons tout simplement à payer ce que nous payions auparavant, lorsque nous avions notre représentation dans nos congrès. La question de la cotisation ne nous arrête pas; ce qui nous arrête, c'est d'avoir à montrer la nécessité de nos cercles et pour encourager les sociétés qui n'ont pas encore de cercle à en fonder.

Nos cercles répondent à une nécessité; dans bien des circonstances, ce sont les coopératives elles-mêmes qui sont appelées, non pas peut-être à disparaître, mais à péricliter... sans ces cercles...

GIDE. — Je veux poser simplement une question, je ne com-

prends pas la voix délibérative accordée aux cercles. Il peut arriver que dans un Congrès, il y ait plus de cercles que de sociétés; alors, les sociétés seront mises en minorité; le fonctionnement de la Fédération sera impossible dans ces conditions.

SELLIER. — Personne ne conteste l'utilité des cercles, et tout ce qu'on a pu dire en faveur de leur rôle extrêmement important n'est contesté par personne. C'est si peu contesté par la Commission des statuts qu'on admet les cercles à se faire représenter dans le congrès, à y prendre la parole par leurs délégués. Nous sommes tout à fait d'accord; la seule difficulté porte sur le droit des cercles de voter ou non dans les congrès. A mon avis, il n'est pas possible de donner aux cercles le droit de voter, pour cette excellente raison qu'à la base de notre organisation démocratique nous avons pris pour principe que chacun devait avoir un influence égale dans l'organisation coopérative. Or, si vous admettez les cercles à voter, vous donnez par cela même aux camarades qui font partie des cercles et des coopératives un double droit de vote dans le congrès; ce double droit de vote est de nature à fausser les décisions des congrès.

D'un autre côté, il y a une difficulté: si on admettait cette théorie, il faudrait fixer d'une façon très précise dans les Statuts les conditions dans lesquelles devront être constitués les Cercles; car, à l'heure actuelle, rien n'empêche dans une Société déterminée ou à côté de constituer 5, 10, 20, 30, 40 Cercles, et par conséquent de donner à cette Société une influence plus considérable dans les Congrès si vous lui donnez une voix délibérative par Cercle.

Cette constitution multiple des Cercles n'est pas pour me déplaire; il est légitime que des camarades se réunissent entre eux pour étudier avec leurs conceptions spéciales les questions coopératives. Il est donc assez légitime qu'il existe plusieurs Cercles au sein de la même Société... (*Protestations.*)

Les seules approbations ou contestations qui viennent d'être émises, c'est largument le plus gros qu'on puisse donner contre le vote des Cercles. Si on admettait les Cercles à voter, c'est toute la question d'organisation des Cercles qui se poserait. A mon avis, c'est une question de principe. Nous admettons l'utilité considérable des Cercles; nous les admettons à discuter dans nos Congrès; nous examinerons demain même — ce sera une de nos préoccupations — les conditions dans lesquelles les

Cercles pourront contribuer à la vie de cet organisme que les Anglais ont appelé leur organe d'éducation coopérative; mais il est entendu qu'au point de vue organique et du vote des questions économiques, seules les organisations économiques qui ont la responsabilité (parce qu'elles ont la gestion des affaires coopératives) peuvent voter. C'est la raison pour laquelle, je vous le répète, notre vote ne sera pas une sorte de suspicion contre les Cercles, ni une indication que nous considérons les Cercles comme des organes inférieurs ou inutiles, mais purement et simplement une question d'ordre et de méthode, et c'est pourquoi nous vous demandons, conformément à ce que l'ancienne Bourse coopérative avait fait à Calais, de n'admettre les Cercles dans nos Congrès qu'avec voix consultative. (*Applaudissements.*)

HENRIET. — Je vais donner un exemple de ce que serait le vote des Cercles : à la *Famille Nouvelle*, notre Cercle est ouvert à tous les membres de la Société; par conséquent, tous les membres de la Société font partie du Cercle. Si on donnait le vote aux Cercles, il y aurait double vote pour la Société, par les mêmes personnes. (*Approbation.*)

LE PRÉSIDENT. — Nous mettons aux voix l'amendement de la *Bellevilloise*.
(*Repoussé.*)
Nous allons mettre l'article 18 aux voix.

LÉVY. — On vient de dire que les Cercles auraient dans les Congrès voix consultative; c'est une affaire entendue; mais on vient de dire aussi qu'une Société pourrait avoir plusieurs Cercles dans son sein. Je ne sais pas s'il ne serait pas logique de définir, si on doit accepter un certain nombre de Cercles, s'il n'est pas nécessaire, que pour qu'un Cercle ait voix consultative, il ait été au moins reconnu dans sa Société ?

POISSON. — Je rappelle ce que j'ai dit tout à l'heure, c'est que, à propos de cet article, surtout après les paroles de Lévy, se pose une série de questions que nous n'avons pas tranchées dans la constitution de la Fédération. Si nous limitons ou si nous cherchons à limiter le rôle respectif des Cercles, il ne faudra pas seulement chercher si dans une Société il doit y en avoir plusieurs ou un seul, mais si on ne doit pas en avoir plusieurs dans une même localité, quand il y aura une boulangerie, une pâtisserie ou une charcuterie... Mon opinion, et je la défendrai, c'est le Cercle par localité. En tout cas, nous n'allons pas examiner cela ce soir. Ce que nous pouvons faire, c'est de renvoyer au Conseil de la Fédération et au Comité confédéral renvoyer au Conseil de la Fédération et au Comité confédéral l'étude spéciale de l'organisation de l'étude coopérative, et, à mon avis, il faudra que nous aboutissions, à la Fédération nationale, à créer un service des Cercles et Groupes d'éducation coopérative, et que tous les ans, à notre Congrès, il y ait dans le rapport de notre Conseil d'administration un rapport spécial sur la vie et sur l'activité de tous les Groupes d'éducation.

TENNEVEAU. — Où il y a un Cercle qui adhère déjà à la Fédération nationale, qu'il n'en soit pas accepté d'autres, en attendant la décision que nous prendrons.

POISSON. — Il est impossible de préjuger d'une question semblable. Les Cercles actuellement existants appartiennent à la Fédération nationale. J'ajoute que, pour l'avenir, ce sera le Comité confédéral qui examinera, comme pour les Sociétés, chaque adhésion particulière. Si une adhésion d'une Société pose tout un problème, le Comité confédéral sera dans l'obligation de déroger aux conclusions que j'indiquais tout à l'heure; il faut faire l'organisme d'éducation autour duquel devront se grouper tous les Groupes d'éducation.

LE PRÉSIDENT. — Il faudrait également que les Cercles adhèrent à leur Fédération.

HENRIET. — Cette question des Cercles est plus épineuse qu'on ne croit. La question ne se pose pas ainsi. Si vous admettiez tous les membres de la Société dans le Cercle des coopérateurs, je comprendrais qu'on limite le nombre des Cercles, mais tant que ces Cercles n'admettront qu'une partie des membres de la Société et dans des conditions spéciales d'adhésion, je vous défie de trouver une solution logique, et dans ces conditions vous retireriez à tout coopérateur indépendant la possibilité de faire partie des Comités déjà établis et ce serait autant de perdu pour la coopération. (Interruptions.)

Je me rallie à la proposition de Poisson qui disait qu'on traiterait cette question plus tard, sous la forme de Cercles d'éducation...

LE PRÉSIDENT. — Il n'y a plus d'amendements ?

Lévy (de Bagnolet). — Je connais la situation à laquelle on fait allusion. Il faut considérer que si un Cercle ne veut pas accepter une personnalité, il en a le droit. Il ne s'ensuit pas que cette personnalité a le droit de fonder un Cercle à côté; je ne dis pas cela pour Henriet... (Rires) qui semble protester.

Il aurait raison si un Cercle se fondait, disant: Nous ne voulons accepter que des socialistes ou des syndicalistes, c'est parfait; mais si, pour des questions de personnalité, un membre ne plaît pas à un Cercle, pour des raisons qu'on n'a pas à indiquer, doit-on laisser à cette individualité le droit de fonder un Cercle relié à l'organisme central sans que celui-ci ait été accepté par sa Fédération ? (Cris de: l'ordre du jour.)

Le Président. — La conclusion que tout à l'heure Poisson a donnée sur le rôle des Cercles tranchera la question; elle viendra dans l'ordre du jour d'un Congrès ultérieur. Laissons cela de côté.

Vanstenbrugge. — Il faudrait se rendre compte de l'état d'esprit de Lévy. Il ne faudrait pas que, si l'on discute la question dans un an, nous nous trouvions devant un fait accompli. (Interruptions.)

Le Président. — Je mets aux voix l'article 18.
(Adopté.)
Nous passons maintenant à la discussion des articles les plus passionnants. (Rires.)

Poisson. — Je vous demande de procéder par paragraphe, et d'arrêter tout camarade qui mélangera deux paragraphes à la fois.

Je donne lecture du premier paragraphe de l'article 5, qui avait été réservé:

Article 5. — Pour faire partie de la Fédération nationale, les Sociétés devront remplir les obligations suivantes:

1° Adhérer aux Fédérations de leur région *territorialement délimitée* d'après le tableau annexé aux présents Statuts.

Cela pourra être discuté à la fin des Statuts. J'indique au nom de la Commission unitaire que ce tableau est un tableau qui reste comme un Statut modifiable, mais ayant sa valeur, c'est-à-dire que toute Fédération une fois établie, les modifications ne pourront se faire qu'après une procédure normale et préavis du Comité confédéral. Sous ces conditions, je crois que nos camarades de la Fédération peuvent bien accepter le paragraphe premier.

COLLON. — Nous avons constaté par nous-mêmes que le tableau annexé aux Statuts des Fédérations territorialement délimitées, renfermait un certain nombre d'indications qui sont plutôt contraires à la réalité. Ainsi, un exemple qui nous est personnel...

LE PRÉSIDENT. — Ce n'est pas la question; restons sur le paragraphe premier.

COLLON. — La nécessité du tableau s'impose-t-elle ?

POISSON. — On peut changer les limites, mais le fait de délimiter territorialement n'est pas discutable.

COLLON. — La délimitation des Fédérations sera-t-elle le rôle du Congrès ou sera-t-elle le rôle des Fédérations régionales ?

Mon impression personnelle et celle d'un certain nombre de camarades est que chaque Fédération se constitue d'après ses tendances, ses affinités, d'après les besoins régionaux. A Paris, qui connaît ces affinités ? C'est la région dans laquelle elles se produisent; nous estimons que nous pouvons avoir avec le Maine-et-Loire des relations cordiales et constantes.

Plusieurs délégués. — On y viendra tout à l'heure.

COLLON. — En maintenant les mots « territorialement délimitée », cela indique que les Fédérations seront constituées et auront transmis à l'organisme central le département dans lequel elles auront leur action ; mais il y a des régions où il serait prématuré de fixer des limites.

POISSON. — Il faut trancher ce point tout de suite. Il est impossible de laisser les Fédérations se constituer toutes seules pour une bonne raison, c'est qu'elles empiéteraient les unes sur les autres inévitablement. Qu'on se mette d'accord par avance pour délimiter les Fédérations, qu'on fasse des accords en passant telle partie de département à une Fédération, c'est une affaire non seulement de bonne camaraderie, mais de bonne entente et assez facile, mais nous n'acceptons pas la constitution des Fédérations comme cela. Le mot « territorialement déli-

mité » veut dire que c'est la Fédération nationale qui les constitue territorialement. On peut apporter des modifications dans
la forme, même après les avoir adoptées une première fois,
mais c'est justement ce que consacre le paragraphe premier : la
délimitation territoriale par l'organisation nationale avec entente
et accord.

Lévy (de Bagnolet). — Il serait nécessaire, d'après la décision
prise tout à l'heure, d'ajouter « Cercles et Groupes d'éducation ». Si on admet qu'il peut y avoir dans une Société plusieurs
Groupes d'éducation, plusieurs Cercles, il faut admettre que
pour faire partie de la Fédération, c'est-à-dire participer au
Congrès, il faudra faire partie de la Fédération... (Interruptions.)

Il y a par exemple dans la région parisienne un Cercle qui
est inscrit à la Fédération, l'autre qui ne l'est pas. Il faut savoir
si ce Cercle pourra participer au Congrès, si on admettra tous les
Groupes d'éducation et les Cercles...

Poisson. — Il est impossible de prendre en considération ces
amendements parce que nous venons de décider que les Cercles,
les Groupes d'éducation n'avaient que voix consultative. Il
s'ensuit, par conséquent, que dans les Fédérations territorialement délimitées, ils n'auront naturellement que voix consultative.

Ils pourront faire partie des Fédérations, cela regarde celles-
ci ; ils n'auront droit qu'à voix consultative.

Lévy. — Mais s'ils ne font pas partie de la Fédération,
pourront-ils faire partie du Congrès ?

Poisson. — Evidemment, les Cercles se rattachent à l'organisation centrale directement ; mais nous ne pouvons pas pousser
les Fédérations à accepter des Cercles quand il y aura plusieurs
de nos Fédérations qui n'acceptent que les Sociétés.

Lévy. — Il y a là une question sérieuse.

Poisson. — Il est évident qu'on ne peut trancher cette question que lorsqu'on aura étudié à la Fédération nationale le
projet que j'ai indiqué tout à l'heure : une Ligue d'éducation
autour de laquelle on groupera les différents organes d'éducation.

Lévy. — Je n'accepterai la proposition de Poisson qu'avec les explications de la *Bellevilloise*, c'est-à-dire que jusqu'à un nouveau Congrès on n'acceptera pas de Cercles.

POISSON. — On ne peut remettre cette discussion en jeu. Toutes les questions concernant les Groupes d'éducation seront étudiées par un prochain Comité confédéral.

LÉVY. — Et qu'est-ce qu'on fera jusque-là ?

POISSON. — Le *statu quo* persistera ; c'est-à-dire que les Cercles demandent leur adhésion dans les mêmes conditions que nous acceptons les Sociétés.

GENTILHOMME (de la *Ruche Tourangelle*). — Nous discutons les cotisations que devront payer les Sociétés.

La Fédération est constituée par des Sociétés coopératives de consommation. Nous avons tous voté l'article premier, ainsi conçu :

« Toutes les Sociétés coopératives de consommation... »

Et nous arrivons maintenant aux obligations de ces Sociétés. Il est dit :

« Pour faire partie de la Fédération nationale, les Sociétés devront remplir les obligations suivantes...

« La Fédération est composée des Sociétés de consommation... »

A mon avis, la cotisation qu'on demande en ce moment doit être payée uniquement par les Sociétés de consommation qui, elles seules, adhèrent à la Fédération régionale.

LE PRÉSIDENT. — Ce n'est pas la question en ce moment.

GENTILHOMME. — Seules ne devront adhérer aux Fédérations territoriales que des Sociétés... On ne doit pas faire adhérer les Cercles ni les Fédérations régionales.

De droit devront faire partie des Fédérations régionales toutes les Sociétés faisant partie... (*Interruptions.*)

LAVERNY. — Je demanderai qu'il ne soit admis qu'un Cercle. (*Protestations.*)

LE PRÉSIDENT. — Le Comité confédéral devra rapporter un projet réunissant les Cercles de coopérateurs, leur fonctionnement et également leur rôle au point de vue de la Fédération nationale. Par conséquent, cette Ligue d'éducation générale ne peut pas actuellement se discuter, puisqu'elle n'est pas à l'ordre du jour.

La parole est au camarade de la *Fraternelle*, de Saint-Quentin, sur le paragraphe premier.

Lecaillon. — Sur la délimitation territoriale ?

Poisson. — Vous allez parler à propos de la Fédération de l'Aisne; c'est à la fin des Statuts.

Le Président. — Il n'est pas question de fixer le cadre des Fédérations; il ne s'agit que d'admettre le principe de la délimitation qui est dans le pacte d'unité.

Je mets le paragraphe premier aux voix.

(*Adopté.*)

Le Président. — Nous passons au paragraphe 2:

2° Verser une cotisation de 5 centimes par 100 francs sur leur chiffre d'affaires annuel. Sur cette cotisation de 5 centimes, il sera prélevé 1 centime pour la Fédération régionale et la part de cotisation pour l'adhésion collective à l'Alliance Internationale. La cotisation ne pourra être inférieure à 10 francs. Elle devra être versée dans le courant du premier semestre.

Poisson a la parole

Poisson. — J'indique à notre camarade qu'à l'article 2, nous allons d'abord nous occuper évidemment des cotisations à payer par les Sociétés de consommation, mais que va venir en dernière partie la cotisation à payer par les Groupes et par les Fédérations. Comme ils sont admis avec voix consultative, il est évident que le Congrès, ne prenant pas position sur l'organisation intérieure des Groupes d'éducation, doit prendre une résolution (tout au moins pour l'année qui vient) sur la cotisation à payer à la fois par les Cercles et les Fédérations, puisqu'ils sont admis.

Sur le paragraphe 2, c'est-à-dire la cotisation due à l'organisation centrale, je vous propose la méthode de discussion suivante. J'ai rangé les amendements en les groupant sur trois ou quatre points. Il y a une question de principe, qui est celle de savoir si la cotisation sera perçue sur le chiffre d'affaires ou d'une autre façon.

Eh bien, sur cette question, il y a trois amendements: la *Boulangerie syndicale ouvrière*, d'Angoulême, propose que la cotisation porte sur le boni net lui-même; la *Fédération de l'Est* propose que la cotisation porte sur le nombre des coopérateurs et à raison de 0 fr. 10 par an, comme dans l'ancienne organisation de la Confédération des Coopératives. Voilà donc les deux amendements auxquels s'oppose le principe de la cotisation sur le chiffre d'affaires, étant réservé à la fois le taux de cette cotisation, la question du minimum ou du maximum, que nous discuterons après. Je demande donc au Congrès d'aborder la question de principe : ou chiffre d'affaires, ou 0 fr. 10 par membre.

BOUTET (d'Angoulême). — La *Boulangerie syndicale* m'a chargé de prendre la parole pour défendre son amendement, qui consiste à demander aux bénéfices acquis la quote-part de la cotisation plutôt que de la demander au chiffre d'affaires, lequel, en somme, peut être extrêmement trompeur.

Voici, par exemple, deux Sociétés qui font le même chiffre d'affaires : l'une et l'autre 400.000 francs.

L'une traite une matière de gros rapport, l'autre une matière de petit profit et, en outre, se trouve dans des conditions de bataille formidable en face de ses adversaires. Ce sera celle qui aura les plus grosses difficultés à résoudre qui sera tenue de donner une part relativement plus grosse.

Voilà notre Boulangerie placée en face d'un patronat favorisé par la municipalité d'Angoulême, obligée de combattre dans une lutte sans merci et de tous les jours. Nous atteindrons probablement le chiffre de 430.000 francs d'affaires cette année ; nous allons donc être obligés de vous verser une quotité formidable pour nous, et nous n'aurons peut-être pas de quoi faire face aux charges indispensables ou du moins nous aurons écorné fortement le disponible affecté aux choses indispensables.

Et pourquoi ? parce que nous aurons bataillé, parce que nous aurons lutté, parce que nous nous serons dévoués, parce que nous aurons pris sur nos ressources, pour faire le boni immédiat non seulement de nos sociétaires, mais, par ricochet, celui de la ville entière. C'est la raison pour laquelle nous vous demandons de chercher un mode de cotisation plus équitable : celui qui touche aux bénéfices réalisés et non au chiffre d'affaires, qui peut n'être pas vrai, d'ailleurs. Sur quoi pourrez-vous baser régulièrement le chiffre des ventes ? Sur les pièces fournies par les Sociétés ? Mais si une Société veut vous tromper, elle peut vous fournir un chiffre de ventes inexact...

Plusieurs voix. — Le bilan !

BOUTET. — On peut vous fournir un chiffre de ventes qui soit sensiblement inférieur au chiffre véritable, tandis que le bilan de la Société doit vous donner le bénéfice absolument exact... Dans le bilan d'une Société, au besoin, on n'est pas tenu de faire connaître le chiffre des ventes ; il ne fait pas partie intégrante du bilan ; ce ne sont alors que des renseignements donnés aux sociétaires et que vous leur devez seulement pour les tenir au courant ; tandis que vous leur devez d'une manière exacte, absolue, le chiffre des bénéfices faits.

Voilà pourquoi nous sommes partisans de nous attacher aux bénéfices bien nets, bien établis, plutôt qu'au chiffre d'affaires, qui pourrait quelquefois être trompeur.

DE BOYVE. — Je ne serais pas d'avis de faire porter la cotisation sur le bénéfice net. Je prends l'exemple d'une Société ayant bâti à grands frais un vaste immeuble dans lequel elle a établi certains services, une salle de conférences, etc. Pendant deux ou trois ans, elle a résolu de renoncer à ses bénéfices. C'est ce qui s'est passé pour nous : nous avons acheté un terrain, construit un immeuble, installé une salle de conférences, pour la réalisation desquels nous avons renoncé aux bénéfices pendant plusieurs années. Dans ces conditions, il n'est pas admissible que la cotisation porte sur les bonis, puisqu'il n'y en aura pas.

Ce qui me paraît le plus raisonnable, c'est d'établir la cotisation sur le nombre de sociétaires. Remarquez une chose... Il faut profiter de l'expérience des autres. Les Anglais ont longuement discuté cette question et ils sont arrivés à cette conclusion qu'il fallait établir la cotisation sur le nombre des membres. Il faut faire de même... Je sais bien que les jeunes sont peu disposés à profiter de l'expérience des vieux, pourquoi ne pas profiter de celle des coopérateurs anglais, qui ont eu de longues années de pratique ? Nous nous rappelons d'une certaine époque où on nous disait : « Vous nous parlez toujours des Anglais, parlez-nous un peu des Français. » A cette époque on ignorait encore le mouvement coopératif de la Grande-Bretagne ; aujourd'hui, c'est autre chose, on admire ce développement de la coopération anglaise, alors pourquoi ne pas profiter de leur expérience ?

La coopération anglaise a reconnu après de longues discus-

sions que la cotisation devait être perçue sur le nombre des sociétaires. C'est le système qui, d'après elle, est le plus pratique.

L'établissement des cotisations sur les bonis ou le chiffre d'affaires a beaucoup d'inconvénients ; je rappelle l'exemple de
notre Société l'*Abeille Nîmoise,* qui a renoncé à recevoir des
bonis pendant quelques années pour n'avoir pas à emprunter
pour les travaux faits sur son immeuble qui appartient à la
collectivité.

Je propose donc de profiter de la vieille expérience de nos
camarades anglais et de calculer la cotisation sur le nombre des
sociétaires.

JACQUE. — Je crois que pour avoir une base équitable, il faut
tâcher de trouver les ressources pour exécuter ce que l'on veut
faire dans les Fédérations. Vous voulez créer de nouveaux
Cercles, et quand on arrive à la question d'argent, il faut que
les Sociétés aient les ressources nécessaires. Si vous prenez la
cotisation sur le bénéfice, vous avez pas mal de Sociétés qui
seront dans une situation bien inférieure. Il n'y a aucune Société
qui ait atteint les bénéfices qui se faisaient il y a cinq ou six ans.
Cela ne tient pas à une mauvaise administration, mais aux circonstances matérielles qui se sont produites depuis quelques
années, et surtout au gros commerce.

Il me paraît bien difficile de prendre le système de la cotisation sur le boni, parce que les Sociétés ne peuvent donner que
3 fr. 50, d'autres 2, d'autres encore 1 fr. 50 ou 1 franc. Si vous
prenez encore sur le boni des sociétaires, il n'y aura plus
grand'chose qui restera. Si vous faites payer la cotisation sur le
nombre de membres, cela vous donnera un chiffre plus ferme
qui constituera une cotisation convenable. Si vous avez par
exemple 50.000 adhérents, cela vous donnera tous les ans une
somme de 500 francs, par exemple, sur lesquels vous pourrez
tabler. Vous avez ensuite la perception sur le chiffre d'affaires
qui vous produira une somme plus ou moins variable, selon que
vos sociétaires seront plus ou moins fidèles à leur Société. Je
soutiens que les camarades devraient tous consommer le plus
possible. C'est la consommation qui fait la force d'une Société.

POISSON. — Après les explications que vient de donner
Jacque en réponse à notre camarade d'Angoulême, je n'ai, sur
ce point, rien à ajouter. L'argument décisif a été donné par lui,
qui consiste à dire qu'on ne peut pas établir les ressources

futures de la Fédération nationale sans connaître tout de même
sa stabilité à peu près exacte. Or, il est certain que pendant
les périodes de crises, ce serait amener la Fédération nationale
à n'avoir pas le sou, au moment même où les Sociétés auraient
le plus besoin de sa propagande.

Par conséquent, je demande qu'on écarte l'amendement de la
Boulangerie d'Angoulême et nous passerons au second point :
la cotisation par membre.

BOUTET. — Je reviens à ce que je disais tout à l'heure qu'une
Société qui sera en perte, par le fait qu'elle aura réalisé un
chiffre d'affaires assez gros, sera obligée de vous verser une
cotisation qui la gênera beaucoup.

LE PRÉSIDENT. — Tous les arguments ont été émis dans un
sens ou dans l'autre. Je vais mettre l'amendement de la *Boulangerie* d'Angoulême aux voix.

BOUTET. — Il faut voir la situation spéciale aux boulangeries,
et pour une situation différente, on admettrait la même cotisation...

LE PRÉSIDENT. — Je mets l'amendement d'Angoulême aux
voix.

(Repoussé.)

LE PRÉSIDENT. — Nous passons à l'amendement concernant
la cotisation par adhérent, présenté par la *Fédération de l'Est*.

DELMAS. — Si la *Fédération de l'Est* et des Sociétés qui la
composent ont fait opposition à la proposition de la Commission,
c'est surtout en raison de l'article 17. Il donne aux Sociétés
une représentation par sociétaires, tandis que l'article 5 frappe
les Sociétés sur le chiffre d'affaires.

Nous constatons que la cotisation portant sur le chiffre d'affaires frappe à la caisse des Sociétés de façon très inégale. Dans
la Fédération coopérative, les coopérateurs qui la composent
doivent avoir les mêmes droits dans les Assemblées générales et
les Congrès. Par conséquent, on ne doit leur demander que les
mêmes charges et, en ce sens, la cotisation par sociétaire nous
paraît préférable.

Voici à quoi nous aboutirions avec la cotisation sur le chiffre
d'affaires, qui nous est demandée par la Commission : Pour le
Pas-de-Calais, par exemple, nous voyons que l'*Alliance Lensoise*
donnerait 13 centimes par sociétaire ; par contre, l'*Ouvrière*
d'Avion, donnerait 0 fr. 65. Je ne vois pas pourquoi l'*Ouvrière*

d'Avion donnerait o fr. 65, alors qu'une autre Société ne donnerait que 13 centimes.

La Société de Houdain, o fr. 36; celle de Liévin, o fr. 75 par sociétaire.

Si je passe à la Seine, l'*Economic Parisienne*, 17 centimes et demi par sociétaire; la *Bercy*, 18 et demi; la Société de la Seine qui donnerait le plus, c'est la *Revendication*, de Puteaux : o fr. 30, parce qu'à la *Revendication*, de Puteaux, le chiffre moyen d'affaires par sociétaire est le plus élevé de la Seine.

Dans les Ardennes, nous avons la *Société*, de Monthermé, qui donnerait o fr. 40; une autre Société à côté, o fr. 20; la *Laborieuse*, de Troyes, où le chiffre d'affaires par sociétaire est de 670 francs, donnerait o fr. 34 par sociétaire.

J'estime que les Sociétés coopératives et les coopérateurs doivent avoir les mêmes droits, nous nous opposons donc à ce qu'on demande aux uns des sacrifices qu'on ne demande pas aux autres. C'est sur un pied d'égalité que tous les coopérateurs doivent être traités. La cotisation doit donc être basée sur le nombre des sociétaires et non pas sur le chiffre d'affaires.

BOUTEILLER (Lyon). — Nous nous opposons par principe à ce que la répartition soit basée sur le nombre des sociétaires, parce que nous n'estimons pas que les Sociétés coopératives vendent à tout le monde. Or, il en existe beaucoup...

LE PRÉSIDENT. — Le principe de la vente au public n'est pas en discussion.

BOUTEILLER. — Si vous prenez comme base le nombre des sociétaires, vous imposerez des Coopératives qui vendent à tout le monde trois, quatre, cinq fois moins que d'autres Coopératives qui ne vendent qu'à leurs seuls sociétaires et qui font le même chiffre d'affaires.

DOSMOND (Saint-Etienne). — Si on prenait la cotisation sur le chiffre d'affaires, on arriverait à ce résultat que le chiffre d'affaires se composerait du prix de vente aux sociétaires.

Or, je prends une Société comme l'*Union des Travailleurs*, où on fait deux millions d'affaires. A Lyon, il n'y a pas d'octroi; à Saint-Etienne, il y en a un. Sur deux millions d'affaires que nous faisons, il est certain que nous avons au bas mot plus de 100,000 francs que nous payons à l'octroi. Nous sommes donc obligés d'augmenter le prix de nos marchandises en conséquence et, par suite, on nous fait payer une surtaxe à cause de l'octroi. Ainsi donc, le chiffre d'affaires ne doit pas entrer en ligne de compte pour la cotisation. Puis, il y a encore des Sociétés qui sont très éloignées des gares, où les moyens de transport de la marchandise grèvent le prix de vente; plus une marchandise est augmentée de prix par suite de l'octroi, ou parce qu'elle est loin du pays de production, plus le chiffre d'affaires augmente. mais le bénéfice n'augmente pas. La seule cotisation raisonnable me paraît être celle par membre et non sur le chiffre d'affaires.

HENRIET. — On peut retourner cette inégalité contre ceux qui veulent qu'on vote par tête, exactement dans la même proportion. Prenons une Société comme la *Bellevilloise,* qui possède tous les rayons dans lesquels se trouve réuni ce qui est nécessaire à la consommation individuelle, ce qui n'existe pas au même degré dans une petite Société; il en résultera que si vous faites payer o fr. 10 par membre à la *Bellevilloise,* elle donnera beaucoup moins qu'une petite Société, puisque ses bénéfices sont plus grands en raison du plus grand chiffre de vente par tête.

Au point de vue de l'inégalité, l'argument est incomplet; il y a inégalité de toute façon, mais il y a beaucoup plus d'inégalité à faire payer à ceux qui ont un grand profit la même cotisation qu'à ceux qui n'ont pas la possibilité de développer leurs achats. Là où on voit prospérer la coopération, où de grandes Sociétés font de gros bénéfices, on doit demander la cotisation la plus importante. Donc, c'est bien sur le chiffre d'affaires qu'elle doit porter pour être logique.

D'ailleurs, la vente au public, dont on a parlé, permet encore de donner sur le chiffre d'ensemble; elle inégalise encore plus que ce que j'indiquais la cotisation. Je peux citer la Société que je représente aujourd'hui, qui fait 4 ou 500,000 francs d'affaires. Nous sommes 100 sociétaires. Il y a la vente au public dont il faut tenir compte, c'est évident, dans les restaurants coopératifs. Leur façon de procéder qui vous était indiquée, amène une bien plus grande inégalité. Cependant, nous sommes de ceux qui pensons que c'est à nous, coopérateurs, puisque cela est nécessaire, à faire les sacrifices pour que la coopération se répande. En ce qui concerne la *Famille Nouvelle,* nous donnerons 250 fr. au lieu de 10 francs. L'inégalité est beaucoup plus grande que celle que vous indiquiez, et cependant c'est absolument juste. (*Applaudissements.*)

Deniaud (Saint-Nazaire). — La question du restaurant coopératif est différente. Il ne faut pas tabler sur des exceptions. Quant à la Bellevilloise, elle a, je crois, 15,000 membres. Par conséquent, elle paiera une cotisation considérable et par conséquent, au point de vue pratique, il faut faire payer la cotisation sur les membres.

Bassand. — Il est évident qu'en principe Henriet a raison; je ne soulèverai qu'un seul côté de la question; c'est celui de la stabilité du budget et de la facilité de perception de la cotisation. Je vois difficilement nos camarades du Comité de la Fédération confectionnant ce budget avec quelque chose d'aussi problématique que la production de tous les bilans des Sociétés. Conformément à ce que vient de dire le camarade de Boyve pour les Anglais, je suis persuadé qu'il n'y a pas beaucoup de Comités nationaux qui doivent faire payer sur le chiffre d'affaires. Si toutes les nations, ou à peu près, ont institué le principe de la cotisation par membre, c'est moins pour les raisons que donne Henriet que pour celle de la facilité d'évaluation de la cotisation.

Pour nous, nous voterons la cotisation calculée par tête et par an. De cette façon, on obtiendra un budget bien équilibré. L'an prochain, on pourra étudier la possibilité de percevoir une partie de la cotisation sur le chiffre d'affaires.

Poisson. — Je veux simplement indiquer qu'il est beaucoup plus facile de taxer les Sociétés sur le chiffre d'affaires que sur les membres appartenant à chacune des Coopératives; car, en fait, malgré tout, le chiffre d'affaires est toujours connu; il y a, quoi qu'on fasse, un bilan qu'on ne peut truquer, tandis qu'aujourd'hui (je me permets de dire cela, parce que j'espère qu'on va voter la cotisation sur le chiffre d'affaires) nous subissons le régime des bonnes poires, c'est-à-dire que les Sociétés qui sont scrupuleuses déclarent exactement le nombre de leurs sociétaires, tandis que les Sociétés qui sont tricheuses, n'en indiquent que la moitié ou même le quart, et comme on n'a aucun contrôle... (*Interruptions diverses*). Quand je parle de Sociétés tricheuses, personne ici n'a pris cela pour lui: c'est pour les Sociétés qui se présenteront à l'avenir... (*Rires*), mais c'est certainement ce qui se produirait.

De plus, le nombre des sociétaires est une chose très variable. Dans certaines grandes Sociétés, il y a tous les ans un changement considérable dans le nombre des sociétaires et il s'ensuit par là-même que la cotisation de l'organisation centrale peut être très variable et très fluente. Si nous avons toute confiance dans le mouvement coopératif, nous sommes à peu près sûrs que le chiffre d'affaires doit monter et c'est la certitude pour nous, non seulement d'avoir notre budget, mais d'avoir un progrès dans notre budget et j'espère que tous les camarades qui sont ici et qui veulent faire une organisation qui ne soit pas de façade, mais qui puisse nous rendre des services, y applaudiront.

Je veux aussi dire à notre camarade de Boyve que si les Anglais ont jusqu'à ce jour pratiqué la cotisation par membre, au dernier Congrès, on a justement transformé le régime, pour mettre la cotisation sur le chiffre d'affaires...

De Boyve. — Je vous demande pardon. J'ai consulté tout à l'heure nos camarades anglais ; on a augmenté la cotisation, mais pas changé du tout le mode de calcul.

Le Président. — C'est la limitation qui a été retirée au dernier Congrès.

De Boyve. — La cotisation a été augmentée ; mais on la fait toujours porter sur le nombre des membres. Les Anglais m'ont dit tout à l'heure que c'était le seul moyen pratique.

Tenneveau. — Je suis pour la cotisation par membre également. Nous connaissons les besoins de l'organisme central. Lorsque nous en serons arrivés à discuter sur la quotité, nous montrerons que ce n'est pas par esprit d'intérêt que nous préconisons ce mode de cotisation. Nous estimons, non pas plus démocratique mais plus coopératif de pouvoir cotiser par nombre de sociétaires par chaque Société.

Poisson disait que la stabilité des cotisations sera plus exacte par le chiffre d'affaires que par membre. Nous ne partageons pas du tout sa façon de voir. Nous disons, au contraire, que si au Comité central on veut pouvoir établir un budget, si l'on veut pouvoir orienter le travail en comptant sur le chiffre des recettes d'une façon nette, le chiffre des cotisations sera beaucoup moins aléatoire sur les membres que sur le chiffre d'affaires.

D'ailleurs, le chiffre d'affaires est-il toujours correspondant aux efforts que peut faire une Société pour payer ses cotisations ? Je dis non. L'esprit et le principe de ce système sont-ils bons ? Je dis non. Le principe, pour nous, coopérateurs, c'est : à chacun son droit, mais à chacun son devoir. Le devoir du coopérateur, c'est de participer à toutes les dépenses nécessitées par l'organisation centrale et elles bénéficieront à chaque coopérateur par le travail de bonne administration ou de propagande qui sera fait.

Pour ces raisons, nous demandons que la cotisation soit établie par le nombre des sociétaires et les raisons que je donne sont péremptoires qui permettront justement, contrairement aux affirmations de notre camarade Poisson, au Conseil d'administration de pouvoir établir d'une façon exacte toute l'œuvre, toute l'administration, tout le travail de propagande qui pourra se faire pendant l'année qui va venir.

GIDE. — Les deux systèmes, celui de la cotisation par membres, et celui portant sur le chiffre d'affaires sont boiteux. Alors, je me demande si la sagesse ne consisterait pas à employer les deux à la fois ? On boitera des deux côtés et cela rétablira l'équilibre. C'est de la sagesse, car c'est un principe de la science financière, de la science fiscale que, comme tous les modes d'assiette d'impôts sont mauvais, alors, on en emploie le plus possible. On a l'impôt indirect, qui est injuste, l'impôt direct, qui l'est aussi : mais on emploie des deux à la fois, et beaucoup de chaque espèce.

Je ne vois pas quel obstacle il y aurait à employer à la fois le système proposé par la Commission et le système proposé par M. de Boyve. Est-ce qu'on ne pourrait pas entrer dans cette voie d'un système mixte ? Il semble que ce serait préférable...

POISSON. — Evidemment ; seulement, la cotisation va être plus élevée pour l'organisation centrale... (*Interruptions diverses.*) Il faudra calculer le revenu le plus gros et faire les deux taxations.

SELLIER. — D'accord avec Thomas, j'avais l'intention de formuler la proposition que vient de faire notre camarade Gide. Il est incontestable qu'aucun des deux modes de cotisation indiqué n'est parfait : en théorie d'abord, et à cause des difficultés pratiques ensuite. Le nombre d'adhérents, il y a de grosses difficultés pour l'établir, parce qu'il y a la question des sociétaires et des adhérents qui, dans nombre de Sociétés, vient compliquer la statistique, et le système basé sur le chiffre d'affaires est aussi vicieux, à cause de la vente au public, qu'on a indiquée tout à l'heure.

Mais, il y a un autre point de vue que j'indiquerai aux partisans de la cotisation sur le chiffre d'affaires et qui est, à mon avis, plus que tout autre susceptible de les faire tempérer par la cotisation par membre la cotisation sur le chiffre d'affaires. C'est que vous avez admis théoriquement que les Sociétés seraient représentées dans les Congrès avec une représentation quasi-proportionnelle à leur nombre d'adhérents...

Plusieurs voix. — Ce n'est pas encore fini ; c'est réservé.

SELLIER. — C'est entendu, mais c'est ce que la Commission vous propose. Or, il me semble que si on établissait une cotisation proportionnelle au chiffre d'affaires, on ne pourrait que créer dans les Congrès la représentation proportionnelle au chiffre d'affaires, parce que la représentation doit être basée sur la cotisation. Or, il y aurait là un gros inconvénient (on le verra tout à l'heure) d'ordre théorique à écraser ainsi d'une façon aussi formidable les petites Sociétés. C'est pourquoi il me paraît probable que le Congrès se rangera à l'idée de la représentation par nombre d'adhérents. Si on admet cette idée, il est nécessaire que le chiffre d'adhérents soit bien établi, pour arriver à la fixation de la cotisation.

POISSON. — Les rapporteurs acceptent plutôt la représentation au Congrès d'après le chiffre d'affaires, pour obtenir ce qui me paraît un moyen excellent d'avoir un budget stable.

SELLIER. — D'autre part, on a indiqué tout à l'heure qu'en pareille matière, ce n'est pas seulement sur la justice qu'il faut se baser, c'est sur les habitudes, et on a beau dire qu'il serait extrêmement juste que les très grosses Sociétés supportent des cotisations formidables, on n'empêchera pas cette situation que, depuis nombre d'années qu'elles adhèrent aux organismes centraux, elles paient des cotisations relativement minimes. Est-ce que vous allez les mettre tout d'un coup en face d'une augmentation considérable de leur cotisation. Cela serait de nature à créer un certain malaise. C'est pourquoi, quoique cet argument n'ait pas, au point de vue du droit, une valeur profonde, il y a lieu d'en tenir compte, et pour cela il n'y a qu'à mettre en parallèle les deux moyens de perception suivants: d'une part, une partie de la cotisation basée sur le nombre d'adhérents, d'autre part, une partie de la cotisation basée sur le chiffre d'affaires.

On ne dira pas que c'est compliqué : les rapporteurs y ont répondu par avance, puisque, d'une part, ils admettaient la cotisation sur le chiffre d'affaires, par conséquent, ils se croyaient assez armés pour connaître le chiffre d'affaires et, d'autre part, ils admettaient la représentation par nombre d'adhérents : par conséquent, ils se croyaient assez armés pour connaître le nombre d'adhérents... (*Vive approbation.*) Si la Commission croit avoir en mains les éléments statistiques nécessaires pour établir cette double situation des Sociétés, il n'y a dans leur comptabilité qu'à mettre un livre à double colonne pour inscrire les sommes dûes par les Sociétés. On ne peut pas donner à cette méthode l'apparence d'une complication. D'un autre côté notre proposition est de nature à sauver le principe de la grosse cotisation (qui a été celui de la Commission) pour permettre d'alimenter nos services. Si vous admettez la cotisation basée uniquement sur le chiffre d'affaires, je suis convaincu que vous aurez devant le Congrès une opposition considérable pour faire fixer ce chiffre à o fr. 05, qui a été admis pour alimenter d'une façon rationnelle les services sociaux de la Fédération ; tandis que si on admet la proposition que je formule avec Thomas, il y aura lieu de prendre moitié de l'ancien système, moitié du nouveau. Autrefois, vous payiez o fr. 10 ; vous ne paieriez plus que o fr. 05. La Commission vous demande o fr. 05 par 100 francs d'affaires ; vous ne paierez plus que deux centimes et demi. Par conséquent, la cotisation sera établie à raison de o fr. 05 par membre des Sociétés et à raison de o fr. 02 et demi pour 100 francs du chiffre d'affaires.

DENIAUD. — Combien fait-on d'affaires à la *Bellevilloise* ? Cinq millions. Combien y a-t-il de membres ? Il doit y en avoir 15.000... Quant à nous, nous faisons un million à peine : la proportion n'est pas la même. Vous paierez moins que nous, qui faisons un chiffre beaucoup moindre, comparativement au nombre de sociétaires.

DELMAS. — Je maintiens le principe des cotisations par sociétaire ; quoique les Sociétés parisiennes fassent la vente au public, elles représentent cependant une moyenne d'achat par sociétaire plus faible que beaucoup de Sociétés de province qui sont moins nombreuses qu'elles. Ainsi, dans le Pas-de-Calais, il n'existe pas de Sociétés ayant plus de 100 sociétaires, et cependant, la moyenne d'achat de ces Sociétés est plus forte que les Sociétés parisiennes. La *Bellevilloise* n'arrive qu'à 550 francs par sociétaire, avec tous ses services.

Dans ces conditions, avec la cotisation sur le chiffre d'affaires, elles apporteraient beaucoup moins d'argent à la Fédération nationale que telle Société du Pas-de-Calais, de l'Aube, où on ne vend pourtant pas au public et où le chiffre d'affaires par sociétaire est plus considérable.

Nous demandons la cotisation par tête parce qu'elle est seule juste et nous insistons pour que le Congrès se prononce dans ce sens. Nous demandons pour le scrutin le vote par mandats. *(Approbation.)*

Le Président. — Les camarades allemands sont obligés de quitter le Congrès. Le camarade Thomas va vous traduire les sentiments qu'ils expriment en quittant le Congrès.

Thomas. — Les camarades m'ont prié de renouveler leurs remerciements au Congrès pour les sentiments de fraternelle cordialité avec lesquels ils ont été reçus. Ils m'ont prié de dire toute leur espérance de voir après ce Congrès d'unité, la coopération française se développer et prospérer et ils m'ont prié de transmettre au Congrès une invitation : l'année prochaine aura lieu le Congrès des Sociétés allemandes, où sera fêté le dixième anniversaire de leur fondation, et ils espèrent qu'un délégué de la coopération française sera au Congrès pour les visiter. *(Applaudissements.)*

Le Président. — Je crois qu'en votre nom nous ne pouvons que remercier nos camarades allemands d'avoir bien voulu assister à ce Congrès, leur dire qu'ils se fassent les interprètes des sentiments fraternels qui animent tous les coopérateurs français vis-à-vis des autres coopérateurs, à quelque nation qu'ils appartiennent.

Nous espérons que ces réunions intimes scelleront définitivement la paix avec laquelle seulement la classe ouvrière pourra faire œuvre utile et nous leur demandons avec nous de travailler à réaliser cette œuvre dans leur pays, de façon à éviter ces massacres que les dirigeants et les bourgeois essaient d'instituer au détriment de la casse ouvrière. *(Applaudissements.)*

La parole est à Boudios pour soutenir son amendement.

BOUDIOS. — A mon avis, il est indispensable de laisser s'écouler quelque temps avant de prendre une décision ferme sur les diverses propositions qui sont faites.

Tout à l'heure, dans la discussion, il s'est produit diverses argumentations qui, à mon avis, sont très importantes. On signalait la situation des Sociétés à faible effectif faisant un gros chiffre d'affaires et, d'autre part, la situation des Sociétés à gros effectif faisant un chiffre d'affaires relativement restreint par tête de coopérateur. Il serait donc logique d'établir un système se basant sur les deux chiffres : 1° Sur le chiffre d'affaires, d'une part, et sur le nombre de sociétaires, d'adhérents, d'autre part.

Or, nous ne pouvons, à mon avis, sans étude préalable, décider si nous acceptons ce système de baser la cotisation sur ces deux facteurs. Il est bon aussi d'indiquer pourquoi je crois qu'il est nécessaire d'étudier ce système : c'est parce qu'il faut que notre Fédération nationale sache comment demain elle va fonctionner, quel sera le budget qu'elle aura à sa disposition. A mon avis, lorsque la Commission a présenté le projet qui est dans les Statuts, elle avait par le fait même de cette proposition établi un budget approximatif. Avec le mode de perception des cotisations tout simplement sur le nombre des adhérents, il y avait là aussi possibilité pour la Commission mixte d'établir le budget.

Je propose donc que l'on prie la Commission d'étudier pendant l'heure du déjeuner... (Rires.) Il ne s'agit pas de rire. On a rappelé tout à l'heure que le rôle du coopérateur est surtout de faire de l'éducation, mais on a rappelé que pour faire de l'éducation, il faut à la classe ouvrière les munitions nécessaires, c'est-à-dire l'argent. Ce sont nos Sociétés qui doivent fournir les fonds nécessaires à cette éducation. Or, il est nécessaire que, d'une façon sérieuse nous établissions quels seront les sacrifices que nous devons nous imposer dans nos Sociétés pour permettre à l'organisme central de faire de la bonne éducation. Voilà pourquoi je demande aux camarades de la Commission d'examiner ce que je propose et de rapporter cet après-midi une proposition mixte qui donnera satisfaction, d'une part, aux camarades de l'Est et, d'autre part, à ceux qui feraient des millions d'affaires avec cent adhérents.

FABRE (Nîmes). — Je me rallie à la proposition de la *Bellevilloise*. Il y a trente-deux ans que je fais de la coopération.

Je crois que le chiffre des membres est la mesure la plus stable pour arriver à un service régulier. C'est pour cela que je crois que c'est ce que nous avons à faire de plus sage dans ce Congrès.

Sabatier (*Egalitaire*). — A l'*Egalitaire*, de Paris, nous nous sommes prononcés pour la cotisation basée sur le chiffre d'affaires, toutes réserves étant faites sur le taux de cette cotisation. Si le texte de la Commission est adopté, nous paierons, à l'*Egalitaire*, 1.300 francs par an, tandis que, d'après le système proposé par la Fédération de l'Est, nous ne payerions plus que 450 francs. Je dis ceci pour bien indiquer que ce n'est pas un intérêt égoïste qui motive notre intervention. Malgré cela, nous avons été d'avis de voter la cotisation basée sur le chiffre d'affaires. Voici pourquoi : nous avons considéré que dans notre Société, où nous faisons 500,000 francs d'affaires avec le public, sur lesquels nous n'avons pas de trop-perçu à rembourser, nous devons favoriser le développement du mouvement coopératif par les bénéfices que nous faisons par la vente aux non-sociétaires. De plus, nous avons également pensé que la cotisation basée sur le nombre des membres n'était pas très contrôlable, en ce sens qu'un certain nombre de Sociétés possèdent une catégorie de sociétaires appelés adhérents, qui ne figurent pas au bilan ; ils y figurent bien en bloc, mais leur nombre ne peut être vérifié. Ceci se produit dans toutes les Sociétés parisiennes et, à l'*Egalitaire* en particulier, sur un effectif de 4.600 membres, il y a 1,700 adhérents pour lesquels nous pouvons, si nous le voulons, ne pas payer de cotisation.

Voilà pourquoi l'Egalitaire se rallie au système de la Commission ; mais, sur ce point, nous pouvons dire que nous sommes, dans un esprit transactionnel, partisans de voter la proposition Gide, si la Commission s'y rallie.

Poisson. — Nous comprenons la valeur des arguments qui ont été donnés en faveur de la cotisation à 10 centimes par membre ; mais, au nom des deux rapporteurs, nous n'acceptons pas la motion transactionnelle. D'abord, ce serait une complication extrême des choses. Qu'on vote pour le principe de la cotisation de deux sous par membre et par an, cela va ; mais la cotisation mixte entraînerait pour les organisations nouvelles des difficultés certaines et pour notre part, nous croyons qu'il faut adopter un système ou l'autre et ne pas avoir l'air de

vouloir faire un nègre blanc pour être agréable à des camarades.
Ce n'est pas une question de tendance. On peut avoir des opinions différentes ; la seule façon de nous départager sera de
voter. Il n'y a que deux systèmes cohérents.

Le camarade de Boyve indiquait le système qui était appliqué
en Angleterre, c'est entendu ; mais la cotisation en Allemagne porte uniquement sur le chiffre d'affaires et même elle
est ce, ce que nous ne demandons pas, proportionnelle ; plus la
Société est grosse, plus les sociétaires sont taxés.

J'ajoute que je suis convaincu que les grandes Sociétés coopératives qui sont ici et qui tout à l'heure ont évidemment marqué, non pas leur mécontentement, mais tout au moins leur
préoccupation de voir qu'elles allaient être fortement taxées,
n'hésiteront pas à faire des sacrifices pour nous : du reste,
il ne s'agit pas en ce moment du taux. Vous pouvez — et je
réponds à Sellier — si vous vous trouvez trop frappés, réduire
le taux ; mais je dis que la cotisation sur le chiffres d'affaires
est faite principalement en faveur de toutes nos petites coopératives et de toutes les coopératives de province ; elle est faite
pour taxer la vente au public. En effet, cette vente ira certainement en augmentant, surtout à Paris, dans les grandes Sociétés
et, étant donné que c'est dans les grandes Sociétés où le chiffre
des sociétaires est le plus variable et où on ne les frappe jamais
exactement, tandis que la petite coopérative qui a une centaine
de sociétaires est frappée sans qu'il y en ait deux qui échappent,
une grande Société peut faire échapper 4 ou 500 sociétaires
à la cotisation.

Par conséquent, nous demandons au Congrès de repousser
la motion transactionnelle et de choisir entre les deux systèmes :
le chiffre d'affaires pur et simple ou la cotisation de 10 centimes par membre et par an.

Je demande qu'on mette aux voix l'amendement de la *Fédération de l'Est*, tendant à fixer la cotisation à 10 centimes
par membre et par an.

DELMAS. — Contrairement à ce que dit Poisson, la question est
extrêmement grave pour les Sociétés de province, qui sont le
plus frappées.

POISSON. — Je demande que le vote ait lieu au commencement de cet après-midi. L'amendement Delmas, de la *Fédération
de l'Est*, tend, vous le savez, à fixer la cotisation à 10 centimes

par membre. A cette proposition, nous opposons la nôtre. Il r.'y a que deux propositions. L'amendement Sellier n'ayant pas été déposé. comme il avait été décidé, on ne peut pas le mettre aux voix. (*Interruptions diverses.*) Il y a donc lieu de voter pour la proposition de Delmas ou contre la proposition de Delmas, c'est-à-dire pour le chiffre d'affaires.

THOMAS.— Notre camarade Poisson vient de marquer, comme je le désirais, quelle était la portée du vote. Il a indiqué qu'en votant pour ou contre la proposition Delmas, vous écartez systématiquement la proposition transactionnelle que Sellier et moi nous avions rédigée...

POISSON. — Vous ne l'avez pas rédigée !

THOMAS. Pardon. Et l'argument que Poisson fait valoir devant le Congrès est l'argument suivant : vous n'avez pas déposé hier, comme les autres amendements, votre amendement transactionnel.

Je dis, citoyens, que nous ne venons pas réclamer ici. comme Poisson avait l'air de le laisser croire. un privilège. Je demande simplement au Congrès ce qu'il a entendu faire lorsqu'il a demandé hier que l'on déposât des amendements aux articles des statuts : il entendait ne pas être débordé dans la discussion. ne pas avoir une multitude de propositions nouvelles et mettre un terme aux propositions qui pouvaient venir. Mais l'amendement que Sellier et moi nous venons de rédiger sur les indications de notre camarade Gide. est le résultat des discussions et observations qui ont eu lieu ce matin. On nous dit : il n'est pas en forme. il n'est pas rédigé. Mais en vérité, si une discussion signifie quelque chose, est-ce que ce n'est pas précisément parce qu'elle amène à des motions transactionnelles ou à des dispositions qui peuvent rallier l'unanimité dans un Congrès et est-ce que lorsque vous avez adopté hier la résolution qu'invoquait Poisson tout à l'heure. cela signifiait qu'on ne pouvait arriver ici à voter que des choses qui, hier. avaient été déposées.

Il est impossible de donner au vote sur la proposition de notre camarade Delmas le sens que Poisson lui prêtait. On peut voter ce matin sur la proposition Delmas; mais il faut que la possibilité d'une transaction demeure pour le début de la séance de cet après-midi.

POISSON. — Evidemment, c'est très ennuyeux que des camarades aient de bonnes idées en dernière analyse... (*Protestations sur certains bancs.*) Du reste, je ne crois pas que ce soit une bonne idée. Mais en tout cas, maintenant, nous avons l'amendement : c'est bien. Mais alors, il va y avoir évidemment une équivoque.

Eh bien, nous, les rapporteurs, nous demandons qu'on mette aux voix d'abord l'amendement que nous proposons, c'est-à-dire le vote sur le chiffre d'affaires, et alors, on votera pour le projet de la Commission ou contre. Si le projet est repoussé, vous examinerez alors s'il y a lieu d'adopter la proposition Delmas, et en dernière analyse, la motion transactionnelle. (*Approbation.*)

Delmas. — Je demande qu'on vote d'abord sur la proposition la plus éloignée de celle de la Commission : si notre amendement est repoussé nous verrons ce que nous aurons à faire.

Lévy. — En effet, le camarade Poisson a raison. Si on votait à l'heure qu'il est sur la proposition de Delmas, il pourrait s'ensuivre qu'à une très faible majorité la proposition de Delmas soit acceptée... (*Interruptions diverses.*) Je suis persuadé que si, au contraire, on votait sur la proposition Gide-Thomas-Sellier, elle obtiendrait une majorité beaucoup plus grande. Par conséquent, c'est une question de méthode très importante à laquelle il faut prendre garde si vous voulez que le vote représente bien l'opinion de la majorité.

Tenneveau. — Je crains que Poisson n'ait jeté un peu de confusion sur une décision qui était prise. Quand j'ai demandé la parole, ce n'était pas pour dire de voter pour le texte de la Commission ; c'était pour dire de voter pour l'amendement de la *Fédération de l'Est.* Or, Poisson nous dit qu'il s'agit de voter pour le texte de la Commission. Vous voyez la confusion qui se fait.

J'estime que si l'on vote pour, c'est que la majorité du Congrès sera pour la cotisation par membre ; si ce n'est pas accepté, nous verrons si nous devons choisir entre la proposition de la Commission et une proposition mixte. Ce qu'il faut déterminer, c'est la valeur de notre bulletin de vote : sera-t-il pour l'amendement Delmas ou pour le texte de la Commission ?

Poisson. — Je vais vous dire pourquoi je demande que vous votiez d'abord sur la proposition des rapporteurs, pour laquelle nous avons uemandé lla priorité. Il y a une raison très simple : c'est que si notre proposition est repoussée, pour beaucoup, nous nous rallierons, non pas à la propositon mixte, mais à la proposition Delmas. Par conséquent, nous demandons qu'on vote d'abord pour la cotisation sur le chiffre d'affaires, c'est-à-dire pour la proposition de la Commission ou contre. (*Approbation.*)

LE PRÉSIDENT. — Sans que le chiffre de la cotisation soit en discussion. Par conséquent, les camarades congressistes savent à quoi s'en tenir : il est fait une demande de priorité sur la cotisation sur le chiffre d'affaires, c'est-à-dire sur le projet de la Commission. Ceux qui sont d'avis que cette proposition ait la priorité le manifestent.

(*Adopté.*)

On va voter actuellement sur le principe de la cotisation sur le chiffre d'affaires, projet de la Commission. Pour la proposition de la Commission ou contre. De plus, comme le vote par mandats a été demandé, il est de droit.

(*On procède au vote*).

La séance est levée à midi et demi.

Lundi 30 décembre 1912 (après-midi).

La séance est ouverte à 2 h. 1/2, sous la présidence de Sel-ler, assisté de Beauchamp (Sens) et Martinot (Puteaux).

LE PRÉSIDENT. — La parole est au citoyen Poisson pour faire connaître le résultat du vote qui s'est produit ce matin.

POISSON. — La proposition de la Commission fixant la cotisation sur le chiffre d'affaires a été votée par 389 voix contre 159. (*Applaudissements.*)

LE PRÉSIDENT. — Il nous reste à discuter un certain nombre d'articles réservés. Nous abordons la discussion sur le quantum de la cotisation.

POISSON. — Sur ce point, je vais vous donner lecture de toutes les propositions qui sont faites. Après, je crois que le meilleur moyen sera d'envisager une méthode de discussion pour aller vite, car il y a peut-être 60 amendements. Je vais vous donner la liste des principaux amendements :

La Philanthropique, de Saint-Rémy-sur-Avre, demande que les cotisations ne puissent être supérieures à 150 ou 200 francs.

L'Union, de Limoges, demande une cotisation forfaitaire maximum de 200 francs.

Je crois que pour le bon ordre du débat, nous devons d'abord discuter tous les amendements qui portent sur le taux de la cotisation. Nous avons en présence plusieurs propositions: la proposition, à titre indicatif des rapporteurs et de la Commission unitaire, qui est de 0 fr. 05. Un grand nombre de sociétés admettent 3 centimes, quelques sociétés demandent 2 centimes et quelques sociétés encore demandent 1 centime.

Eh bien, je crois qu'il faudrait d'abord fixer le chiffre de la cotisation et sans donner la parole aux auteurs de tous les amendements, un camarade pourrait parler pour la diminution par exemple de la cotisation. Il resterait les propositions tendant à fixer un maximum, par exemple, ou une cotisation forfaitaire.

THÉVENET (délégué de l'*Union Fédérale,* de Saône-et-Loire). — Je ne parlerai pas au nom de la société à laquelle j'appartiens, qui est l'*Alliance des Travailleurs du Bois du Verne.* Mais j'ai été mandaté par l'ensemble des sociétés fédérées de Saône-et-Loire pour soutenir la proposition de 3 centimes à imposer aux sociétés, sur lesquels 2 centimes seraient appliqués à la fédération régionale.

Je ne m'étendrai pas bien longuement à cet égard. Le seul mobile qui nous a guidés, c'est de conserver la contribution que nous avions supportée jusqu'à présent. En effet, si j'examine le chiffre d'affaires que l'*Alliance des Travailleurs* devait antérieurement, il en ressort que, pour 264 sociétaires, l'*Alliance*, en 1911, avait une contribution à payer de 26 fr. 40, tandis que maintenant ce serait bien différent avec le chiffre de o fr. 05, pour notre chiffre d'affaires qui atteint, comme on l'a dit ce matin, et je me plais à le redire, une moyenne de 1,000 francs par associé, ce qui est considérable. Aussi, ce chiffre d'affaires nous imposerait un sacrifice très lourd et c'est pour cette raison que je prie le congrès de se reporter à cette idée d'adopter la fixation à 3 centimes à la Fédération Nationale en réservant 2 centimes à la Fédération régionale.

Le Président. — Je dois faire une observation d'ordre général, pour les orateurs qui vont suivre: c'est que tout à l'heure, par le vote que vous avez émis avant déjeuner, vous avez déclaré que la cotisation devait être fixée proportionnellement au chiffre d'affaires. Par conséquent, vous n'avez plus ni les uns, ni les autres à discuter la répercussion sur vos sociétés du résultat de ce mode de cotisation. Vous n'avez qu'une question à discuter: quel est le chiffre de cotisations qui est de nature à assurer, d'une façon normale, la vie des services de la Fédération ? Cette réserve faite, je donne la parole au second camarade qui l'a demandée.

Jevais (Fédération des Ardennes). — La cotisation de o fr. 05 par cent francs est trop élevée. Nous sommes prêts à nous rallier à une cotisation de moitié, par exemple, de 2 cent. 1/2 dont o fr. o1 cent. reviendrait à la Fédération régionale pour sa vie propre. Je crois qu'avec 1 cent. 1/2 la Fédération Nationale pourra vivre, parce que le chiffre d'affaires, qui a été pris pour base, permet d'augmenter les recettes qui, auparavant, venaient à la Confédération; cette augmentation permettra d'assurer la vie de la Fédération Nationale avec 1 cent. 1/2.

Poisson. — Au nom des rapporteurs et pour arriver à une entente, nous vous proposons un texte modifié et un texte qui, je crois bien, serait acceptable par toutes les sociétés. Nous acceptons la motion de la Fédération de la Région parisienne. Cette motion est ainsi conçue :

« Verser une cotisation de 3 centimes par 100 francs sur leur chiffre d'affaires annuel. Sur cette cotisation de 3 centimes, il sera prélevé 1 centime pour la Fédération régionale et la part de la cotisation pour l'adhésion collective à l'Alliance internationale. La cotisation ne pourra être inférieure à 10 francs. »

Poisson. — Si vous voulez me le permettre, afin que la discussion s'oriente, je demanderai au Président de me laisser la parole et je vous donnerai les raisons qui me paraissent légitimer ce que nous venons demander au Congrès de voter, non pas seulement à la majorité, mais, nous l'espérons, à la presque unanimité des membres.

Camarades, vous allez par cette cotisation, en somme, donner l'existence à l'organisation nouvelle et il dépend de vous que cette organisation soit faite pour rendre des services au mouvement coopératif, pour rendre des services à vos propres sociétés, ou pour n'être qu'un organe de façade ne servant en réalité qu'à fort peu de chose.

Il dépend de vous, de l'effort que vous ferez pour l'organisation centrale que véritablement vous n'ayez pas fait à Tours une besogne inutile et un voyage ennuyeux ; car la Fédération Nationale ne vous demande pas des ressources pour les dilapider à tous les vents. La Fédération Nationale et la Commission unitaire vous demandent, pour l'organisme central futur, des ressources considérables et je crois qu'il y a à cela de bonnes raisons. Nous voulons peu à peu imiter — je ne dis pas copier — nos camarades étrangers et nous voulons, à côté d'eux, constituer un mouvement coopératif qui s'inspire des mêmes bases et qui crée pour les sociétés le même organisme. Mais, pour cela, il faut de l'argent, comme vous le disait très bien notre camarade Boudios, ce matin, le Comité est l'organisme central. Donc, il ne fera du bien que ce que vous lui permettrez de faire en lui donnant de l'argent. Or, nous nous rallions à la cotisation de trois centimes par cent francs d'affaires, mais nous tenons à vous montrer ce que cela signifie : trois centimes par cent francs d'affaires, non pas trois centimes pour l'organisation centrale ; car nous laissons aux fédérations régionales un centime sur les trois. Nous ne venons donc vous demander que deux centimes par cent francs pour l'organisation centrale, et même ce n'est pas deux centimes qui entreront dans notre caisse, puisque nous considérons que, sur ces deux centimes, devra être prélevée la cotisation pour l'Alliance coopérative internationale.

Or, au moment où nous faisons l'Unité coopérative, il serait scandaleux que nous continuions à profiter des avantages de l'adhésion à l'Internationale coopérative sans participer, même par une contribution matérielle et financière, à sa vie et à son existence. Nous tenons donc à ce que demain tous nos camarades étrangers qui sont venus ici remportent l'assurance que nous ne leur avons pas demandé de venir simplement nous apporter un salut fraternel, mais que nous sommes tellement décidés à constituer un mouvement coopératif sérieux et solide comme le leur, qu'à la base même de notre constitution, nous avons pris l'engagement d'y faire adhérer toutes nos sociétés adhérentes et de payer pour la collectivité entière toutes les adhésions à l'Alliance internationale. (*Applaudissements.*)

Vous voyez donc que c'est 1 centime 1/2 ou un tout petit peu plus qui reviendra à l'organisation centrale.

Eh bien, qu'est-ce que cela représente, camarades? En admettant que toutes les sociétés adhérentes à la C. C. S. O. et à l'Union coopérative viennent nous rejoindre, savez-vous combien tout cela fait? Ah! Avec des chiffres maxima on aboutit à peine, en réunissant les chiffres d'affaires des deux organisations, quand on ne bluffe pas, quand on voit ce qui est, au chiffre de 125 millions; 150 millions avec les statistiques. mais nous n'ignorons pas, aussi bien à l'Union qu'à la Confédération, que jusqu'ici les sociétés n'étaient cotées que sur le nombre de membres, mais si on regardait leur plus beau bilan. on pouvait voir que, pour certaines malheureusement. il y avait eu quelquefois pendant la crise de la vie chère. des baisses sur la totalité des affaires. Admettons même que cela aille jusqu'à 150 millions, exactement 96 millions pour la Confédération. 56 millions pour l'Union coopérative. Voilà les chiffres officiels, qui sont supérieurs à la réalité.

C'est donc une cotisation de 1 cent. 1/2 à 2 centimes sur 120 à 150 millions; c'est donc pour l'organisation centrale à peine, comprise la cotisation à l'Alliance internationale, au maximum 35 à 40,000 francs que vous lui apportez, pas davantage. C'est donc avec ces 35.000 francs que nous allons être obligés de dresser l'organisation centrale des coopératives. Eh bien, qu'est-ce que vous nous demandez en échange?

Ah! S'il ne s'agit que d'avoir un congrès tous les ans, organisé comme celui-ci avec le concours matériel et financier, pour une large part, des coopératives tourangelles, des subventions municipales, d'accord, nous n'avons pas besoin d'un grand effort. Mais cela n'est que l'apparence extérieure, c'est le décor, c'est le rideau. Est-ce que vous croyez que la Fédération Nationale, si elle veut remplir son rôle, peut se contenter d'escompter les subventions des sociétés locales ou la contribution heureuse ou malheureuse, demain des municipalités ?

Cela, d'abord, manque de dignité pour l'organisation centrale. (*Applaudissements.*) Et en même temps cela est contraire à l'esprit coopératif lui-même.

Et puis, nous avons des idées: nous n'avons pas fait l'Unité pour l'unité. Si nous avons fait l'Unité pour aller nous endormir dans le même nid, je vous assure que les jours et les nuits nous paraîtront bien longs. Nous allons à l'Unité pour y faire de la besogne; nous y allons dans l'intention de transformer les méthodes techniques de la Coopération; de les acclimater à la lutte nouvelle contre le commerce, en évolution lui-même et contre ses dernières formes si redoutables, qui s'appellent les sociétés à succursales multiples et les grands établissements capitalistes. Or, si nous voulons arriver à ce résultat, que nous faut-il? D'abord, il faut qu'à la disposition des sociétés nous ayons un service juridique organisé. En avons-nous un vraiment? Ah! Aussi bien dans une organisation que dans l'autre, dans toutes, ce sont des camarades à qui on demande, en dehors de leurs heures de travail, un effort qu'ils font plus ou moins vite, d'une façon plus ou moins pressée, parce qu'enfin, il y a la vie quotidienne qui les appelle, c'est extrêmement juste et je dis: quand on songe que tout au moins pour nous — je ne veux pas parler de l'Union coopérative puisque je ne suis pas là pour en dire du mal — nous ne donnons que 200 francs par an à notre avocat-conseil qui fournit peut-être 3 ou 400 consultations à toutes les sociétés, je dis que c'est une honte pour le mouvement coopératif. (*Approbation*.).

Puis, citoyens, il faudra demain faire bien autre chose. D'abord, au point de vue commercial, est-ce que nous ne devrions pas avoir un service des bilans; est-ce que l'organisation centrale ne devrait pas étudier toute la situation financière de ses sociétés, un jour même avoir des fonctionnaires spéciaux pour examiner la comptabilité dans laquelle les camarades souvent se perdent, sont très gênés.... (*Vive approbation.*).

Est-ce qu'il ne faudra pas que l'organisation centrale, tout au moins au début, organise le bilan des sociétés? Oh! Qu'on ne fasse ni réquisitoire, ni apothéose, mais dire aux camarades: voilà votre bilan, voici ses points faibles, voici ses points forts, voici comment est tenue une bonne comptabilité, voici des points de votre bilan qui sont en défaut: il n'y a pas assez de réserves, il y a trop d'amortissement, trop de marchandises en magasin, ou il n'y en a pas assez.... Je dis que c'est là, demain, le rôle de l'organisation centrale. (*Applaudissements.*).

Et puis, ce n'est pas tout, ce ne sont là que des accessoires. Il y a aussi le développement du mouvement coopératif lui-même. Nous allons avoir des ennemis terribles, nous avons des défenses à formuler. Voilà, par exemple, que maintenant on va essayer d'arracher ces modestes travailleurs, ces prolétaires de l'Etat, les instituteurs, les douaniers, les employés des postes, on va essayer de les arracher au mouvement coopératif en leur défendant d'être administrateurs de nos sociétés. Le Parlement est en train d'étudier une loi où dans le projet gouvernemental cela figure. Est-ce que nous n'allons pas nous défendre et comment allons-nous les défendre? Ah! Par nos volontés? Non. Il faut que nous ayons des organes plus puissants, plus répandus, qui fassent des campagnes pour obtenir du Parlement la défense pure et simple des intérêts coopératifs et du droit commun que nous réclamons simplement pour nos sociétés. (*Approbation.*)

Il faut donc des organes de propagandes et j'ajoute, nous ne nous contenterons pas des journaux que nous avons. Des sociétés, nous n'en avons que 900. Est-ce que nous ignorons qu'il y a en France 3.000 sociétés coopératives? Est-ce que la première préoccupation de l'Unité, cela ne va pas être d'essayer de toucher au moins la moitié des sociétés qui restent? Est-ce que vous croyez que dans cinq ans nous n'aurons pas doublé nos forces? Si nous ne devions pas les doubler, il serait inutile d'avoir fait l'Unité coopérative, ou si nous le pensions, nous n'aurions pas confiance dans l'Unité. Tout cela ne se fait pas avec de l'enthousiasme, mais avec de l'argent. Si nous voulons aller trouver des conseils d'administration, — car ce n'est pas seulement des réunions publiques qu'il faut faire, mais surtout la visite auprès de camarades de conseils d'administration; qu'on leur donne des journaux; qu'on leur envoie des circulaires qui les amèneront peu à peu à nous. Voilà toutes sortes de services auxquels il nous faudra faire face. Eh bien, quand ils devraient nous coûter très cher, il nous faudra les assurer....

HENRIET. — Et l'école des coopérateurs?....

POISSON. — En dehors de la propagande, il y a l'éducation dont parlaient de Boyve et Gide. Mais, l'éducation coopérative, il ne s'agit pas simplement de l'inscrire en lettres d'or dans les statuts. Ces lettres d'or, nous n'en avons pas besoin en formules si elles ne se traduisent pas dans la réalité des faits.

Eh bien, comment obtiendrons-nous de l'éducation coopérative ? C'est en subventionnant, en créant, en instituant de modestes écoles comme celle qu'ont créée, avec leurs propres ressources, les organisateurs de l'Ecole socialiste, que nous devrions les organiser nous-mêmes.

Voilà donc ce qui doit légitimer pour tous ceux qui sont des coopérateurs sincères, qui sont pour l'extension du mouvement, pour en poursuivre le développement, la nécessité de fortes cotisations à l'organisation centrale.

Eh bien, nous vous demandons pour cela à peine 2 centimes. Est-ce que vous allez nous les refuser? Est-ce que vous allez demander moins ? Ah ! j'entends que tout à l'heure des camarades viendront dire: mais notre société fait un chiffre d'affaires considérable; nous allons être tout à fait frappés, car nous faisons quatre, cinq, six millions d'affaires, et alors c'est une très grosse somme qui va être prise sur notre budget coopératif; on va s'en apercevoir....

Oh! Je voudrais faire appel à ces camarades et je voudrais faire appel particulièrement à nos camarades de l'Union, de Limoges, qui représentent en France une des sociétés les plus belles, une des villes les plus coopératisées du pays, et je dis que si eux, les administrateurs qui ont la responsabilité de la coopérative, ont le courage, malgré les criailleries, les obstacles qu'ils rencontreront, de démontrer comme nous le faisons à cette tribune, la nécessité de défendre le mouvement coopératif central, s'ils en prennent la responsabilité, ils obtiendront gain de cause. Mais il faut qu'ils retournent dans leurs sociétés avec la volonté

d'obtenir cette cotisation et nous disons que nous sommes à
leur disposition et qu'il n'y a pas un de nous, ni de Boyve, ni
Héliès, ni Sellier, ni d'autres qui hésiteront un seul instant à
aller dans leur propre milieu et jusqu'à Limoges, pour essayer
d'obtenir de la grande ville coopérative le maintien de son adhésion à la Fédération Nationale en faisant un effort financier
pour y parvenir. Et nous comptons qu'ils resteront par devers
nous, nous espérons qu'ils n'hésiteront pas à prendre la responsabilité en deçà de laquelle leur présence au Conseil deviendrait
véritablement, pour des militants, pour des hommes dévoués
à l'émancipation ouvrière, une chose un peu curieuse et un peu
bizarre pour le mouvement coopératif.

Voilà pourquoi nous croyons qu'en vous demandant trois
centimes, vous ne pouvez pas établir un maximum.... Un
maximum, ce serait une prime aux petites sociétés, une prime
à la division coopérative, ce serait la prime à la désunion coopérative et au moment même où le problème de fusion sera le
grand problème de demain, vous donneriez une prime par votre
cotisation forfaitaire maximum à la grande société qui dirait:
nous pouvons grandir, mais nous ne ferons plus rien pour l'organisation centrale, pour le mouvement coopératif général. J'espère que cette cotisation forfaitaire, nos amis ne la défen-
dront plus et que bientôt, ensemble, d'un commun accord
dans la solidarité des petites sociétés avec les grosses, nous tra-
vaillerons à mettre debout une organisation centrale solide, sérieuse et forte, et c'est pour cela qu'il n'y a que l'amendement
de la *Fédération de la Région parisienne*, avec deux centimes
pour la Fédération Nationale (compris la cotisation à l'Alliance
internationale) et un centime pour la Fédération régionale, qui
puisse être accepté, à condition qu'on veuille bien, tout au moins
pour la première année, sans aller plus loin, réserver à l'organisation centrale, pour établir la stabilité dans son budget, la
subvention de 15,000 francs que lui accordait le Magasin de
Gros. Les fédérations doivent la laisser à l'organisation centrale
pendant le temps qu'elle se mettra debout; elle établira son
budget, car nous sommes prêts, dans le congrès prochain, à re-
discuter la cotisation, quand elle sera bien nette, bien précise,
nous sommes prêts à y revenir pour l'amoindrir, la diminuer
encore, si des résultats premiers que vous aurez faits pour
l'Unité résulte l'adhésion de la moitié des forces coopératives.
(*Applaudissements*).

Le Président. — Avant de donner la parole à d'autres camarades, je tiens à éliminer immédiatement de la discussion un certain nombre d'amendements qui me paraissent ne pas devoir être sérieusement discutés. Il y en a d'abord un qui demande à ce qu'on diminue la cotisation pour les boulangeries. C'est la Fédération coopérative de Tours. Il est écarté, je pense?

Délégué de Tours.— Nous y renonçons.

Le Président. — Nous en avons un second de la *Philanthropique*, de Saint-Rémy-sur-Avre, relatif à la fixation d'un maximum et d'un minimum pour la cotisation. Cette question viendra après celle qui a été discutée par Poisson. Ce que nous discutons en ce moment, c'est le chiffre normal des cotisations.

Deniaud (Saint-Nazaire). — En principe, je me rallie à la manière de voir de Poisson. Evidemment, ce n'est pas 5 centimes, c'est 10 centimes que nous devrions voter, parce que je connais les difficultés de l'organisation centrale. Maintenant, permettez-moi M. le Président, de ne pas partager votre opinion. Nous avons à compter sur la masse. Nous sommes tous ici des représentants qui sommes animés de la foi coopérative : nous ferions le nécessaire, nous nous saignerions aux quatre veines, dans toute la France, s'il y avait lieu. Mais nous avons derrière nous la masse qui ne s'intéresse pas facilement à nos idées. Si nous lui demandons trop, elle ne nous suivra pas. Nous resterons un groupe tout petit, le mouvement sera tué. C'est pourquoi le chiffre de 5 centimes me paraissait trop fort. Je prends notre cas. Nous n'avons pas 5.000 francs de bénéfice sur presque un million. Si on nous demandait 600 francs environ, je ne sais pas si la masse nous suivrait; je ne le crois pas du tout, parce que nous tendons à faire un mouvement réellement coopératif, c'est-à-dire à ne pas faire de bénéfice du tout. Or, faire un bénéfice de 5.000 francs sur un chiffre d'un million, c'est zéro. Il faut 6.000 francs ou pas du tout. Demander 600 francs ce serait le huitième, on ne nous suivrait pas. Maintenant, le chiffre de 3 centimes me paraîtrait raisonnable et je vous assure que nous ferons le nécessaire pour obtenir cette cotisation de notre société.

Le Président. — Le chiffre en discussion est celui de 3 centimes, puisque la Commission s'est ralliée à la proposition de la Fédération parisienne. Par conséquent, seuls devront répondre à Poisson les camarades qui sont hostiles à ce chiffre de 3 centimes.

ALEXANDRE (Paul). — Je serais mal venu à m'étendre longuement, puisque l'amendement de la Fédération de la Seine a eu la bonne fortune de rallier les rapporteurs, ce qui prouve que la Fédération de la Seine est suffisamment opportuniste pour réaliser à peu près la moyenne des desiderata de la Coopération en France, du moins en ce qui concerne la cotisation.

Je tiens à faire remarquer simplement ceci: nous abandonnons pour nous-mêmes l'allocation qui nous est fournie tous les ans par le Magasin de Gros et qui doit servir à notre propagande. Or, cette allocation est assez forte, puisque cette année nous avons 2.600 francs. Nous l'abandonnons à l'organisme central pendant quelques années, de façon à ce que cet argent puisse lui servir. C'est vous indiquer que nous n'attachons pas une grande importance à l'allocation. En général, les subventions faites dans ces conditions ne produisent pas de très bons résultats et il vaudrait beaucoup mieux plutôt que de remettre aux fédérations des allocations de ce genre, consacrer les allocations à une besogne de propagande plus précise, par exemple à l'extension de l'école des coopérateurs.

COLLON. — Au nom de toutes les sociétés coopératives de Tours, nous avions proposé un chiffre inférieur, mais nous nous rallions à la proposition de Poisson en pensant qu'il est inutile de prolonger le débat.

DE BOYVE. — Je n'ai qu'un mot à ajouter en faveur de l'augmentation de la cotisation, car il y a une chose qu'on ne dit pas : c'est que l'Alliance coopérative internationale a été fondée par les coopérateurs français, et que nous n'avons pas la place que nous devrions avoir dans l'Alliance. Quand nous avons fondé l'Alliance, nous avions cinq membres. On a décidé de fixer le nombre des membres d'après le chiffre des cotisations et aujourd'hui nous sommes réduits à deux: Héliès et moi!

Nous devons avoir dans l'Alliance la place qui revient à notre initiative.

Pour que la Coopération se développe et puisse réaliser son idéal, il faut qu'elle devienne internationale. Par conséquent, nous ne devons pas diminuer nos cotisations, mais les augmenter afin d'avoir dans l'Alliance coopérative l'influence nécessaire pour nous faire entendre utilement.

Bruon. — J'étais partisan de la cotisation de 5 centimes, je l'ai même soutenue dimanche dernier à la réunion de la Fédération parisienne, mais je ne veux pas insister ; je veux d'autant moins insister que les rapporteurs se rallient à la proposition de 3 centimes. Si j'ai demandé la parole, c'est simplement pour faire connaître aux camarades qui sont ici que je crois que le camarade Poisson tout à l'heure, dans son énumération de la propagande à faire, avait oublié quelque chose.

Si j'ai bonne mémoire, je me rappelle que samedi soir, dans la conférence qui eut lieu ici, nos camarades Gide, Daudé-Bancel, parlant de ce que devait faire et de ce que devait être la Coopération, montrant où elle devait aller, quelle était la propagande qu'elle avait à faire et aussi bien les camarades de l'Union que les camarades du Magasin de Gros ont indiqué que le but à atteindre était l'amélioration du sort de la classe ouvrière et ils dirent même qu'elle tendait à la suppression, du salariat. Ces mots étant prononcés, j'ai remarqué avec plaisir que des applaudissements éclatèrent.

Eh bien, camarades, je dis, comme l'a indiqué tout à l'heure Poisson, qu'il ne faut pas que ces paroles soient inscrites simplement en lettres d'or dans les statuts, mais il faut que nous fassions tout le nécessaire et comme vous savez aussi bien que moi que pour faire comprendre aux ignorants qui existent encore malheureusement trop nombreux, qu'ils doivent tendre à la suppression du salariat, à l'organisation d'une société meilleure, il faut faire de la propagande et pour arriver à la suppression du salariat, il faut qu'il y ait une entente vis-à-vis des producteurs. Il faut que dans la Coopération, à l'heure actuelle, l'orientation des coopératives change de par l'Unité, qu'on tâche de mettre en rapports plus directs celle-ci avec les producteurs que sont les ouvriers syndiqués....

Le Président. — Nous discutons la cotisation.

Bruon. — Je suis dans l'ordre du jour (*protestations.*) Je ne pense pas que vous m'empêcherez d'expliquer pourquoi je suis partisan d'unes haute cotisation. Je dis que du moment qu'on tient à l'amélioration sociale quelle qu'elle soit, il faut faire la propagande nécessaire et comme le pacte d'Unité s'impose de faire de la propagande pour cette amélioration, il faut les subsides nécessaires. C'est pour cela que je préconise la plus haute cotisation.

LE PRÉSIDENT. — Comme le Congrès doit finir ce soir, il serait nécessaire de serrer de plus près la discussion.

BEAUCHAMP. — Il y a un point sur lequel nos camarades ne portent pas assez leur attention. Beaucoup de fédérations sont constituées actuellement de telle sorte qu'elles reçoivent leurs subsides directement de la part des sociétés fédérées. Or, avec le projet actuel sur les o fr. o3 qui seraient votés, il y aurait 1 centime à peu près qui reviendrait aux fédérations. Eh bien, peut-être serait-il préférable de décider qu'on donnerait simplement deux centimes à la Confédération, ainsi que certaines sociétés assez nombreuses le demandent et les sociétés resteraient libres de faire le versement qu'elles jugeraient bon à leur fédération, d'accord avec elle. Sinon, nous allons être obligés de reviser tous les statuts de toutes les fédérations et sans aucun avantage ni pour les fédérations, ni pour la Confédération. Peut-être aussi, comme certaines sociétés tirent une partie de leurs ressources des affaires commerciales qu'elles réalisent, serait-il préférable de les laisser continuer ainsi. S'il y a actuellement des sociétés qui versent plus d'un centime à leur fédération, pourquoi les en empêcher?

Autrement, les ressources actuelles des fédérations pourront être diminuées.

LE PRÉSIDENT. — Beauchamp vient de poser une question un peu en dehors de la fixation du quantum de la cotisation, mais cette question a sa valeur; il vient de poser au Congrès la question de savoir si l'organisme central devrait percevoir par lui-même les subsides nécessaires aux fédérations.

On pourrait immédiatement écarter cette question pour qu'elle ne vienne pas en discussion en ce moment, cette opinion paraissant n'être soutenue que par le citoyen Beauchamp. Je vais la mettre au voix pour qu'elle soit écartée s'il y a lieu.

Que ceux qui sont d'avis que le Comité central perçoive lui-même la cotisation le manifestent.

(*Adopté.*)

Maintenant, nous poursuivons la discussion sur la quotité de la cotisation.

GAILLARD (Limoges). — La thèse que j'ai à soutenir est tellement éloignée de l'opinion de l'ensemble des camarades, que j'éprouve quelque embarras à la défendre devant vous. Cependant, j'ai reçu mandat à cet égard et je vais vous dire ce qu'on pense à Limoges de la nouvelle base de cotisation.

D'abord, il n'est pas tout à fait exact que nous ayons déposé un amendement proposant de fixer une somme forfaitaire pour la cotisation ou que nous soyons partisans de déterminer un maximum. Ce que j'ai proposé, c'est plutôt un tarif dégressif pour les grosses sociétés et admettant la cotisation de o fr. o3 pour un chiffre d'affaires de 1 franc à 1 million et de o fr. o1 de 100.001 à 300.000 et au-dessus de trois millions, la cotisation serait de o fr. oo5.

Notre société jusqu'ici a payé 100 francs par an. Je vous accorde que c'est infime et que notre société peut et doit donner un peu plus. Il n'en reste pas moins le fait que notre société, qui jusqu'ici a payé 100 francs de cotisation par an, serait exposée avec le tarif de o fr. o5 à payer 2.600 francs, et qu'elle reste exposée à payer 1.600 francs avec le tarif de o fr. o3 qui est proposé. Je crains qu'une pareille différence ne fasse résister les membres du Conseil d'administration de la société de Limoges et ne les incite à prendre une décision que, pour ma part, je serais le premier à déplorer.

Si le Congrès ne veut pas partager ma manière de voir, je m'efforcerai de communiquer aux membres de mon Conseil d'administration l'enthousiasme et la conviction de notre camarade Poisson et des membres du Congrès en général, mais j'ai bien peur de ne pas y parvenir. En tout cas, il m'apparaît, malgré tout, que la possibilité de tarifs dégressifs peut être envisagée.

Plusieurs raisons militent en faveur des tarifs dégressifs. Il y a d'abord cette raison, c'est que bien que vous n'ayez rien décidé à cet égard, vous me paraissez bien décidés à ne pas admettre que les grosses sociétés puissent venir dans les congrès avec toutes leurs forces et majoriser les petites sociétés. Donc, si vous admettez que les grosses sociétés ne peuvent pas avoir dans les congrès une représentation en rapport absolu avec leur importance, si vous êtes disposés à ne leur accorder qu'une représentation dégressive, vous serez bien obligés de reconnaître qu'elles peuvent, avec quelques raisons, vous demander de ne payer qu'une cotisation dégressive....

LE PRÉSIDENT. — Il est entendu que la représentation au Congrès doit être proportionnelle à la cotisation.

GAILLARD. — On me dit que cela n'a pas encore été discuté ; c'est entendu, mais comme je pressens ce qui va se passer, je peux bien utiliser cet argument. Je vais indiquer brièvement les autres arguments que je vois en faveur de la thèse que je soutiens. Une société de l'importance de la nôtre a dû, dans son sein, pour les besoins de chaque jour, créer certains services que les sociétés vont être obligées de demander à l'organisme central.

Vous avez parlé d'un service juridique. Je vous signale que nous avons déjà créé ce service, qu'il nous coûte 800 francs par an. Nous payons 800 francs pour avoir la faculté d'être renseignés sur les différentes questions qui se posent. Nous devrons donc payer une double cotisation pour un seul et même service.

POISSON. — Nous le prendrons pour nous, ce service.

GAILLARD. — Des camarades me disaient : Poisson vient de le répéter : il vous sera possible d'économiser les sommes que vous dépensez pour votre service juridique en utilisant celui qui va être créé par la Fédération Nationale.... Je ne crois pas que nous puissions nous passer aussi facilement de notre service particulier. Nous avons besoin de renseignements juridique d'une façon si fréquente et, dans bien des cas, nous avons besoin d'être renseignés si rapidement qu'il nous serait difficile d'espérer d'un service siégeant à Paris des avantages comme ceux que nous obtenons à Limoges.

Enfin, je ne sais pas si vous le comprenez comme moi, mais il me semble que, toutes proportions gardées, une grosse société comme la nôtre aura moins fréquemment recours aux offices du Comité central qu'une petite société et si, comme ce serait assez juste, la cotisation devait être en rapport avec les services obtenus, on pourrait admettre qu'elle paie proportionnellement moins.... (Protestations.). Cela n'empêche pas d'ailleurs que si proportionnellement nous payons moins, nous paierons néanmoins beaucoup plus que les autres sociétés. Nous paierons tout de même, avec la base que je viens vous proposer, une cotisation six fois plus élevée que ce que nous avons payé jusqu'ici. Etes-vous certains que je pourrai dire au Conseil d'administration de ma société que nous sommes susceptibles d'attendre du Comité central, six fois plus de services qu'il n'en a rendus jusqu'ici ?.... (Interruptions diverses.). Ce n'est peut-être pas un argument que vous trouverez très déterminant, mais nous sommes obligés de tenir compte de ce que pensent nos conseils d'administration. qui ne sont pas toujours aussi mêlés que vous le pensez au mouvement coopératif; ils changent trop souvent et peuvent ne pas très bien comprendre les nécessités d'une organisaion comme celle que nous constituons en ce moment. Et si le Conseil d'administration ne comprend pas, qu'est-ce que penseront nos sociétaires qui ignorent peut-être, dans la proportion de 99 o/o, ce que nous discutons ici, quand je leur dirai: au lieu de 400 francs c'est 1.575 francs que notre société payera à l'avenir.... Je doute. malgré toute la persuasion que je pourrai employer à expliquer quels services cela va nous rendre. que les camarades de Limoges acceptent aussi facilement que vous l'acceptez vous-même de payer une cotisation comme celle-là.

Le Président. — Le citoyen Gaillard vient d'émettre une nouvelle suggestion: celle d'établir dans nos statuts un tarif dégressif. d'après le chiffre d'affaires des sociétés. Cette question étant comme tout à l'heure légèrement indépendante et étant susceptible d'influencer le tarif de la cotisation. je vais la mettre aux voix. Que ceux qui sont d'avis que le tarif soit dégressif le manifestent.

(Repoussé.)

Il y a une autre question que nous allons discuter et mettre au voix tout à l'heure: il s'agirait d'établir un minimum et un maximum. Continuons la discussion sur le tarif lui-même, en laissant de côté la question de maximum.

Lécaillon (Saint-Quentin). — Nous pensions, comme certains camarades. que la cotisation était par trop élevée. mais nous estimions que pour déterminer la cotisation il était très bien que l'on se base sur le chiffre d'affaires. de façon à apporter chacun suivant ses ressources. En conséquence. je dois vous déclarer que la Fraternelle, de Saint-Quentin.. se rallie à la proposition de la Fédération parisienne. (Très bien! très bien!).

Le Président. — Il n'y a plus d'orateurs inscrits. Dans ces conditions, restent en discussion. je le répète. d'abord la fixation du chiffre. ensuite. la question du maximum et du minimum.

En ce qui concerne le chiffre, je ne suis saisi que d'une seule proposition : celle de la Commission qui fixe à trois centimes sur le chiffre d'affaires. Le camarade Thomas a la parole.

Thomas. — Cela à l'air d'être tout à fait mystérieux entre le président et moi, mais puisqu'il veut bien me donner la parole. je la prends: c'est que nous sommes un peu d'accord sur les principes généraux de notre méthode. Voici la proposition que nous viendrons vous faire: fixer actuellement. pour cette année. à 3 centimes le taux de la cotisation; seulement. nous nous demandons si le taux va être suffisant. Actuellement. tout va bien; mais au fur et à mesure que vous développerez vos services fédéraux. au fur et à mesure que vous créerez autour du Conseil central toutes les organisations administratives ou techniques indispensables. est-ce que votre taux de 3 centimes pour cent. qui vous paraît actuellement suffisant étant donnée la force contributive de vos sociétés et. d'autre part. les besoins de l'adminisration centrale. restera un taux suffisant?

: Et alors. ce que nous demandons. c'est que de même que vous avez prévu dans vos statuts une certaine souplesse. laissant à côté de la loi. la jurisprudence se développer librement. ce que nous vous demandons. c'est que vous décidiez que le taux sera revisable annuellement et que. au fur et à mesure. comme dans un bon Parlement. où on veut prévoir précisément les recettes à côté des dépenses. au fur et à mesure que vous aurez à prévoir de nouveaux services fédéraux. soit au point de vue administratif. soit au point de vue technique. vous ayez. sans faire obstacle à ces statuts qui auront un certain caractère de solennité. étant aujourd'hui les statuts de l'Unité. la possibilité de reviser votre taux de cotisation année par année. sans qu'il y ait une sorte de rappel des statuts d'Unité pour empêcher le développement de l'organisation centrale des coopératives françaises.

C'est cette formule que nous voulons vous proposer: rien de changé quant au taux que vous prévoyez actuellement. mais possibilité de changement. c'est-à-dire possibilité de développement au fur et à mesure que la Coopération accrue. aura besoin de nouveaux services. (*Approbation.*).

Le Président. — Voici le texte de la proposition que Thomas vient de développer:

« Verser une cotisation fixée à chaque congrès annuel proportionnellement au chiffre d'affaires. à la suite de l'examen du budget de la Fédération pour l'exercice suivant.

« Cette cotisation pour 1913 est fixée à 3 centimes. »

C'est le principe qui a été adopté ce matin.

Je vais la mettre aux voix en deux parties séparément. La première partie est mise aux voix.

(*Adoptée à l'unanimité.*)

Nous allons fixer la cotisation pour 1913. A cet égard, je n'ai qu'une proposition : c'est celle de 3 centimes. Que ceux qui sont d'avis de l'adopter veuillent bien le manifester.

(*Adoptée à l'unanimité.*)

Il y a des propositions de Sociétés qui demandent que le minimum fixé à 10 francs soit abaissé à 5 francs. (*Exclamations.*) Si personne ne soutient cette proposition, je la considère comme écartée.

(*Repoussée.*)

Le Président. — Nous arrivons à l'article 16, paragraphe b :
« Organisation et rôle commercial des Fédérations : modifications aux circonscriptions territoriales des Fédérations; emploi de la subvention du M. D. G. destinée à la propagande fédérale ».

Poisson. — Je vous demande de passer à l'article 17, qui concerne la représentation, et qu'on a réservé ce matin à cause de la cotisation.

Le Président. — Vous venez de décider que la cotisation serait proportionnelle au chiffre d'affaires des Sociétés. Dans ces conditions, la Commission vous propose que la représentation soit proportionnelle à la cotisation. C'est sur ce point que la discussion va s'engager. Je donne la parole à Poisson au nom de la Commission.

Poisson. — Nous demandons quelques minutes pour rédiger un texte.

Le Président. — Nous allons prendre la suite, en attendant que les camarades se soient mis d'accord sur un texte, de l'article 5 paragraphe 3.
« Verser 10 centimes par an et par membre à la propagande coopérative : cette propagande peut se faire par conférences, causeries, fêtes, brochures, journaux, allocations à tous les groupements d'émancipation des travailleurs ».

Poisson. — Sur la première partie de l'article, il y a un amendement déposé par Jouhannet pour qu'aucun versement ne soit demandé pour la propagande.

L'*Union*, de Limoges, demande que soient exemptées des 10 centimes à la propagande les Sociétés qui possèdent un journal.

La Fédération de Tours demande 5 centimes par membre à la propagande coopérative.

Les rapporteurs vous proposent d'abord une petite modification au texte qui a donné lieu à une équivoque : au lieu de verser 10 centimes par membre et par an à la propagande. c'est « affecter », ou consacrer 10 centimes par membre et par an à la propagande... (*Interruptions diverses.*) c'est-à-dire que pour beaucoup de Sociétés qui ont déjà des frais de propagande. il ne s'agit pas de verser 10 centimes en plus par membre et par an à l'organisation centrale. mais qu'on nous donne l'engagement de consacrer une somme d'argent équivalente à 10 centimes par membre et par an à la propagande coopérative sous toutes les formes. J'ajoute que c'est un minimum de cotisation et que véritablement il n'y a aucune Société qui puisse se refuser à prendre l'engagement de consacrer 10 centimes par membre et par an.

J'ajoute que c'est un engagement moral. Ah! sans doute. la Fédération nationale n'aura généralement pas le moyen de contrôler si les Sociétés ont exécuté l'engagement. mais enfin. comme nous croyons tous dans la bonne foi de nous-mêmes. que l'organisation centrale croit en la bonne foi des Sociétés qui sont adhérentes. elle espère que l'engagement moral du Conseil signifie malgré tout qu'on consacrera au moins cette somme à la propagande.

Pratiquement. voici comment nous opérerons : pour les Sociétés qui adhéreront à la Fédération nationale. nous croyons que le meilleur moyen serait d'établir la pratique qui existait autrefois à la Confédération : quand on demande l'adhésion à une Société, on a une formule toute faite que l'on soumet au Conseil d'administration de la Société. non pas à son Assemblée générale. par laquelle le Conseil d'administration s'engage à verser ces dix centimes par membre et par an à la propagande coopérative et s'engage à l'avenir. quand on revisera les statuts. à introduire. sous une forme ou sous une autre. cet engagement. Nous ne demandons qu'un engagement d'avenir et la parole des camarades du Conseil quand ils seront là tout au moins. de consacrer une somme à la propagande coopérative et nous croyons qu'ainsi il n'y a personne qui puisse se refuser à cet engagement.

Solidarité Sottevillaise. — Je désirerais seulement demander au camarade Poisson ce qu'il entend par membre : est-ce que ce sont les actionnaires ou sociétaires compris, ou si ce sont les actionnaires ?

Poisson. — Tous les sociétaires : comme c'est un engagement moral, on peut vraiment stipuler que ce soit pour tous les sociétaires.

Le Président. — La différence entre actionnaires et adhérents n'est qu'une différence statutaire et légale. Pour nous, qu'on ait ou non les 1 fr. 25 exigés dans la plupart de nos Coopératives pour être actionnaire, ou 5 francs, nous considérons tous les membres au même titre.

Il y a un amendement de Jouhannet demandant la suppression du versement pour la propagande : il ne peut être ni discuté ni mis aux voix parce qu'il est contraire au pacte d'Unité.

Jouhannet. — Camarades, je suis mandaté par la *Forézienne*, de Charlieu, qui m'a donné un mandat ferme de voter la suppression de ce paragraphe, quoique personnellement je n'en sois pas partisan. Je suis d'avis qu'on verse pour la propagande coopérative : mais si j'avais eu le temps de correspondre avec cette Société, il est probable qu'elle n'aurait pas maintenu son mandat sous cette forme, puisque justement cette Société, après les explications que vient de donner Poisson, se trouve en règle avec ce paragraphe. En effet, cette Société appartient à la Fédération des Coopératives de la région Roannaise et la Fédération possède un journal fédéral et cette Société prend un certain nombre d'exemplaires du journal. Par conséquent, elle remplit les conditions énoncées au paragraphe en question.

Le Président. — Tous les autres amendements proviennent des mêmes confusions. Après l'explication de Poisson, il est inutile de les discuter et de les mettre aux voix.

Poisson. — J'ajoute que la meilleure façon d'employer ces 10 centimes à la propagande, c'est précisément le moyen qu'indiquait le camarade : la propagande par le journal, et le meilleur moyen de consacrer ces 10 centimes c'est de prendre une somme égale d'abonnements aux organes qui vont paraître, à partir de janvier. car là l'engagement sera suivi d'un contrôle effectif. (*Applaudissements.*)

La *Ruche Chartraine* demande qu'au lieu de mettre « allocation à tous les groupes d'émancipation des travailleurs ». on mette :

« N'ayant aucun caractère politique, syndical... »

Nous ne pouvons accepter cet amendement. puisque le but même de cet article est d'avoir énuméré à quoi la Société pouvait employer les 10 centimes à la propagande et avoir indiqué les allocations à des groupements d'émancipation des travailleurs en général. de toute forme. politique ou mêmes syndicaux. Seulement. ceux qui ne veulent pas de cette forme ont également les conférences. le journal. et l'énumération n'est pas limitative.

Par conséquent. je demande au Congrès d'écarter cet amendement.

De même. la *Famille Lorientaise* demande d'ajouter : à tous les groupements coopératifs d'émancipation.

DE VELNA. — Puisqu'il est entendu que tout le monde accepte que ce soit un minimum de versement à la propagande. qu'on mette le mot minimum dans ce paragraphe et qu'on dise : consacrer une cotisation minimum de 5 centimes par membre et par an à la propagande coopérative.

LE PRÉSIDENT. — Il est bien entendu que si les Sociétés veulent donner plus. elles le peuvent... Dans ces conditions, il n'y a plus d'opposition au paragraphe 3 de l'article 5 ?

TENNEVEAU (*Bellevilloise*). — En ce qui concerne le versement de 10 centimes. nous ne nous en sommes pas tenus à ce minimum. Nous croyons qu'il est nécessaire que chaque Société s'engage à verser les 10 centimes ; ce n'est pas trop, estimons-nous. Il ne faut pas laisser la latitude aux Sociétés de verser, il faut qu'une fois les statuts adoptés, ils soient respectés.

Dans ces conditions. nous disons que toutes les Sociétés qui vont adhérer à l'Unité devront verser régulièrement, c'est une condition *sine qua non*, leurs 10 centimes. parce que la propagande, c'est l'effort de toutes les Sociétés, de l'organisation tout entière ; pour la cotisation. elle doit être versée entièrement et complètement au Comité central. (*Interruptions diverses*).

LE PRÉSIDENT. — L'article en question est la reproduction textuelle des statuts de la Confédération des Coopératives, tels qu'ils ont été adoptés à Monthermé et à Calais et l'explication de Poisson est celle qui a toujours prévalu au sein de la Confédération.

TENNEVEAU. — Comme nous l'avons toujours respecté. nous demandons que toutes les Sociétés fassent de même.

POISSON. — Vous avez consacré 10 centimes par an à des œuvres sociales de propagande; mais la *Bellevilloise*, à la dans le budget de l'organisme central. il n'est jamais entré 10 centimes par membre et par an.

TENNEVEAU. — Nous payons cela par le *Bulletin...* (*Exclamations.*) Si le *Bulletin* a continué. c'est grâce un peu à la cotisation de la *Bellevilloise*.

LE PRÉSIDENT. — La *Bellevilloise* a utilisé un des moyens que le Congrès de Calais lui avait indiqués pour affecter ces 10 centimes: mais il n'a jamais été dans l'intention des coopérateurs d'interdire aux Sociétés d'employer tel moyen qui lui semblait bon. dans les limites fixées par le paragraphe 3. Dans ces conditions. pas d'objection pour son acceptation.

POISSON. — Le meilleur moyen. c'est de prendre des journaux de la Fédération nationale. Nous ne pouvons qu'encourager le moyen de la *Bellevilloise*. qui est le meilleur de tous.

LE PRÉSIDENT. — Dans les limites et avec les commentaires qui en ont été donnés. n'y a-t-il plus d'opposition au paragraphe 3? Je le mets aux voix.

(*Adopté.*)

PRUDHOMMEAUX. — Je demande l'insertion du mot « minimum ».

POISSON. — C'est entendu.

LE PRÉSIDENT. — Nous passons au paragraphe 4. reproduction intégrale et textuelle du pacte d'unité.

BOTHEREL (*Fédération de Bretagne*). — Le quatrième paragraphe de l'article 5 a créé également une confusion dans l'esprit de beaucoup d'administrateurs: ils croient qu'on va leur enlever la réserve qu'ils consacrent à des œuvres sociales pour la verser à la nouvelle Confédération. (*Interruptions diverses.*) Ils demandent qu'on modifie ce terme « réserver ».

Le Président. — Toutes les dispositions des statuts, si claires qu'elles soient, sont susceptibles d'interprétations diverses par des camarades qui ont une façon de voir particulière.

Poisson. — Je propose : « de prendre l'engagement de réserver ».

Le Président. — Prendre l'engagement est une formule exacte. J'estime que l'observation de la Bretagne tombe d'autant moins bien que c'est dans le pacte d'Unité, que la Fédération de Bretagne a discuté ce pacte et n'a jamais fait les observations qu'elle formule. D'ailleurs, à cet égard, il suffira des explications données ici par Paisson qui seront au compte rendu du Congrès pour rassurer d'une façon entière les camarades qui trouveraient équivoque la formule adoptée.

Botherel. — Je ne critique pas l'article, mais le mot « réserver ». Il y a plusieurs Sociétés qui croient qu'on leur prendra une partie des réserves affectées à des œuvres, sociales pour la donner à la Confédération. Je demande qu'on mette le mot « affecter » à la place du mot « réserver ».

Le Président. — Je mets aux voix le texte de la Commission du pacte d'Unité.

(*Adopté à l'unanimité.*)

Paragraphe 5. — C'est une clause de style qui, je l'espère, ne soulèvera aucune difficulté. (*Approbation.*) Et nous passerons à l'article 17 réservé il y a un instant. Pas d'opposition ?

Deniaud (*Saint-Nazaire*). — Nous devons présenter au moins cinq ou six rapports. Est-ce que c'est cela que vous entendez par rapport à l'Assemblée générale ?

Le Président. — C'est une question élémentaire qui ne devrait même pas figurer dans les Statuts : vous devez fournir à l'organisme central tous les documents que vous communiquez à vos sociétaires et qui ont un intérêt quelconque pour l'organisation coopérative centralisée. (*Très bien!*) Vous avez des rapports statutaires; ceux-là doivent être obligatoirement envoyés à l'organisme central; si, dans votre vie coopérative, vous êtes appelés à établir d'autres rapports pouvant avoir un intérêt quelconque pour la généralité des Sociétés, nous comptons sur la conscience coopérative de toutes les Sociétés pour les adresser également à l'organisme central. Pas d'opposition sur l'article 5 ?

(*Adopté.*)

Alf. Nast, *rapporteur.* — La Commission est d'avis que l'article 17, deuxième alinéa, soit modifié de manière à le mettre en harmonie avec ce qui a été décidé en ce qui concerne le mode de perception de la cotisation. Il y a, comme je le disais ce matin, quelques amendements qui visent le cas où l'on maintiendrait le mode de représentation par membres: mais comme la Commission actuellement adopte, en le rédigeant d'une autre façon, dont je vais vous donner lecture, un amendement qui avait été présenté par la *Fédération Coopérative du Pas-de-Calais* (à savoir que la représentation se ferait d'après le chiffre des cotisations), et comme cette proposition est éloignée de celle qui figure actuellement dans le projet de Statuts, nous vous demandons de voter d'abord sur cette proposition, qui est ainsi rédigée : Article 17, deuxième alinéa :

« A ces Congrès, les Sociétés ont droit à une voix jusqu'à 100... »

. Le Président. — Il y a deux questions en discussion : celle du principe de la représentation d'après le chiffre d'affaires, et entre la quotité de la représentation. Sur le premier point, y a-t-il des camarades qui aient des objections à faire au principe de la représentation d'après le mode de la cotisation? Il me semble que l'un implique l'autre et qu'il ne saurait y avoir de discussion sur ce point. Par conséquent, la seule question qui reste en discussion, c'est celle du quantum de la représentation des Sociétés.

Laforge (*Pas-de-Calais*). — Je demanderai que la Commission nous donne lecture du texte qu'elle a l'intention de proposer au Congrès.

Nast (*lisant*) . — « A ce Congrès les Sociétés ont droit à une voix...

C'est donc en harmonie parfaite avec ce qui a été voté tout à l'heure : principe de 3 centimes par cent francs...

« Au-dessus de ce chiffre...

S'il y a 100 francs payés par la Société, une voix : 101 jusqu'à 200 francs, deux voix ; etc .

Le Président. — Ce barème sauvegarde l'intérêt des petites Sociétés.

Svoh. — Le système de représentation présenté est un peu fait pour majoriser les petites Sociétés. Tout cela dépend de la nature de la Société. On parlait ce matin d'un restaurant coopératif ; c'est là une affaire coopérative dont le nombre des sociétaires est très minime et dont le chiffre d'affaires peut atteindre un grand développement : tel, l'exemple qui a été fourni ce matin. Eh bien, je sais que vous faites appel au concours financier sur le chiffre d'affaires, mais ce n'est pas une raison pour étouffer les petites Sociétés par les voix des Sociétés qui recrutent presque la totalité de leurs affaires dans le commerce ou le public. Il faudrait trouver un système qui donne à la fois une représentation aux Sociétés par rapport au nombre des sociétaires et également au chiffre d'affaires, parce que je répète que ces bases vont favoriser l'élément commercial parfois important qui est en dehors de l'élément coopératif.

Le Président. — Pardon. Nous venons de voter que la représentation serait calculée d'après le chiffre d'affaires. Par conséquent, la seule question c'est le taux de la représentation et non son mode de calcul.

Svor. — C'est sur le taux que je discute. Je dis qu'il faut néanmoins tenir compte de la manière dont est fait le chiffre d'affaires pour, raisonnablement, que les grosses Sociétés elles-mêmes en tiennent compte et ne soient pas exigeantes à ce point que la répartition soit mathématique et placée en dehors de toute considération coopérative.

Nast. — Nous sommes obligés d'établir une corrélation parfaite entre les droits d'un côté et les obligations des Sociétés de l'autre. Les obligations, nous les avons traduites dans l'article relatif à la perception de la cotisation : nous sommes obligés de donner une représentation conforme.

Svor. — Limoges proposait une échelle dégressive pour la cotisation : elle a été repoussée avec justice. Eh bien, cette échelle dégressive, nous serions d'avis de l'adopter pour la représentation.

Le Président. — Vous venez de voter — cela apparait d'ailleurs logique — que la représentation est proportionnelle dans une mesure qu'on vient d'indiquer, à la cotisation. Par conséquent, je le répète, la suggestion du camarade Svob est contraire à cette façon de penser : il ne peut pas y avoir de tarif dégressif. Par conséquent, je donne la parole à Gaillard sur la fixation de la quotité de la représentation.

Gaillard. — Le camarade Svob avait raison de dire qu'après avoir repoussé une échelle dégressive pour les cotisations, vous l'appliquiez pour la représentation dans les Congrès. Vous ne pouvez pas dire qu'il y a proportion parfaite entre la cotisation et la représentation, puisque les grosses Sociétés sont obligées de payer en proportion une somme équivalente à celle que versent les petites Sociétés ; mais elles sont représentées dans une proportion bien moindre que les petites Sociétés, puisqu'une Société qui paie 100 francs n'aura qu'une voix, et 10 Sociétés payant chacune 10 francs, soit 100 francs au total, auront 10 voix. Pour qu'il y ait proportion exacte, il faudrait qu'il y ait au Congrès une voix par 10 francs et une Société payant 100 francs aurait 10 voix.

Le Président. — Le camarade Gaillard n'a pas fait véritablement une proposition, puisqu'il se rend compte que cela aurait pour conséquence d'écraser les petites Sociétés, mais il vient de répondre à l'observation de Svob d'une façon suffisante ; je crois donc inutile de prolonger la discussion.

Héliès. — Je viens de faire le calcul pour voir la différence qu'il y aurait avec le mode de votation présenté précédemment par la Commission et celui qui nous est présenté à nouveau et basé sur le principe du chiffre d'affaires des Sociétés.

Si on avait tenu compte du projet de la Commission unitaire qui indiquait une voix par cent adhérents et une voix en sus par 500 sociétaires, la *Bellevilloise* aurait droit à 20 voix pour 9.300 sociétaires. Avec la cotisation de 3 centimes pour 100 francs d'affaires, faisant 5 millions d'affaires, qui devront produire 1.500 francs pour la Fédération nationale, elle n'aura plus droit qu'à 15 voix.

Par conséquent, ce système, au lieu de faire une prime aux grosses Sociétés, est au contraire dégressif et à l'avantage des petites coopératives. Si cet exemple est bon pour la *Bellevilloise*,

il l'est également pour les autres Sociétés. Le texte proposé
est donc contraire à l'esprit qu'indiquait tout à l'heure le camarade de Bretagne, affirmant que les grandes Sociétés majori-
saient les petites, puisque ce système diminue le nombre des voix
des grandes Sociétés dans nos Congrès.

LECLERC. — Je me demande si les Sociétés adhérentes à la
Confédération actuelle étaient satisfaites du mode de répartition des forces de chacune d'elles. Jusqu'alors et depuis longtemps, il n'y a jamais eu de protestation, ce qui laisse à supposer que chacune des Sociétés était satisfaite du moyen
employé. Or, d'après le calcul que j'ai fait, il est possible d'appliquer aujourd'hui ce qui s'appliquait précédemment à la Confédération des Coopératives. Ainsi, dans l'article 17, il est dit
que les Sociétés auront une voix jusqu'à 500 membres et une
voix par 500 membres supplémentaires, ce qui fait deux voix
par mille membres. C'était la proposition première...

LE PRÉSIDENT. — Le Congrès a repoussé la représentation
d'après le nombre d'adhérents : ce n'est plus en discussion.

LECLERC. — C'est entendu.

HÉLIÈS. — C'est 3 voix par 1.000 membres, et 1001 membres
cela fait 4 voix.

LECLERC. — J'ai trouvé néanmoins une combinaison qui permet d'appliquer aujourd'hui ce qui s'était appliqué jusqu'alors
à la Confédération Au lieu de dire qu'il y aura une voix par
500, si nous disions, par exemple : de 1 franc à 500.000 francs,
la Société aura une voix et ensuite une voix par fraction de
500.000 francs, c'est-à-dire de faire que la cotisation soit basée
sur le chiffre d'affaires, de cette façon nous y arrivons. Il se
trouve que la *Bellevilloise*, qui fait 5 millions d'affaires, à raison
de 3 centimes par membre, comme le disait tout à l'heure Héliès,
aurait 15 voix au Congrès, alors qu'actuellement, dans le Congrès des Coopératives, elle n'a que 9 voix.

Eh bien, par le procédé que je vous indique, nous arrivons à
appliquer, à une voix près sur 10, ce qui s'est appliqué jusqu'alors à la Confédération, puisque 1 voix par 500.000 francs
ferait pour 5 millions 10 voix, au lieu de 9 actuellement.

Voilà, il me semble, une proposition qui pourrait être acceptée
et qui est conforme à ce qui s'est fait jusqu'alors, c'est-à-dire ce
qui n'a jamais soulevé d'inconvénient, qui aurait l'avantage,

par conséquent, d'éviter à l'avenir dans les Fédérations régionales, lorsque vous serez rentrés dans vos contrées, des ennuis de la part de camarades qui vous diront : ce que vous avez accepté majore sensiblement les petites Sociétés... C'est un peu mon avis. Je serais désireux qu'on conserve autant que possible ce qui se rapproche le plus de ce qui a existé jusqu'alors, puisque cela n'a jamais créé aucun inconvénient, et je demande que le Congrès accepte ma proposition si elle présente quelque chose de bien.

ALLARD (*Ermont*). — J'entends dire qu'on va écraser avec le système de représentation actuel les petites Sociétés. J'estime que cela est loin de les écraser, puisqu'une Société qui fera 50.000 francs d'affaires aura la même représentation que celle qui en fait 500.000. Dans toutes les circonstances, on a toujours ces mots à nous jeter à la face : les petits sont écrasés... Il faudrait, une fois pour toutes, remarquer que, pour arriver à réaliser la Société que nous souhaitons tous, il y a lieu, non pas de développer les petites Sociétés, qui ne vivent pas, qui crèvent de faim, mais d'arriver, tôt ou tard, à faire une fusion colossale, de façon qu'il n'y ait plus que quelques Sociétés faisant de nombreux millions. (*Vive approbation.*) Je demande qu'il y ait l'unanimité pour adopter le projet de la Commission tel qu'il est présenté.

HENRIET. — On a cité le Restaurant coopératif comme une Société qui peut avoir beaucoup de voix. Ce n'est pas bien dangereux : en supposant adoptée la proposition de la Commission, il aurait deux voix ; par conséquent, ce n'est pas celui-là qui majorisera les autres Sociétés. Maintenant Leclerc a déposé une proposition établie sur la situation qui existait à la Confédération au sujet de la représentation des Sociétés dans les Congrès. Il n'y a rien d'extraordinaire à ce qu'il n'y ait pas eu de protestation, puisque cela n'a été appliqué qu'une fois et qu'il n'y a pas eu de Congrès.

A l'heure actuelle, il est possible de finir cette discussion oiseuse, parce que nous sommes presque tous du même avis. Nous voulons sauvegarder les petites comme les grandes Sociétés. Par conséquent, nous n'avons qu'à accepter le projet de la Commission, qui donne satisfaction à tout le monde, car il faut bien qu'il y ait une représentation quelque peu proportionnelle.

TENNEVEAU. — Nous sommes partisans d'une représentation qui donne, dans la plus large mesure possible, la représentation équitable. Lorsqu'on nous objecte les petites Sociétés par rapport aux grosses, nous disons qu'il y a une différence de vue aussi bien dans les grosses Sociétés que dans les petites ; c'est suivant le milieu dans lequel nous nous trouvons. Ce matin en ce qui concerne la *Bellevilloise*, vous avez vu qu'elle n'avai pas la même conception que nos camarades de l'*Egalitaire* e que, d'un autre côté, nous étions d'accord avec de petite Sociétés.

Par conséquent, ce que nous demandons, c'est que le proje soumis par la Commission soit voté par l'unanimité du Congrès parce que si nous sommes partisans d'une représentation exac tement proportionnelle, nous ne pouvons pas aller jusqu'à de mander, comme nos camarades de Limoges, à ce qu'il y ai un mandat par 10 francs. Ce serait pousser le raisonnemen jusqu'au ridicule. Le système proposé permettra même aux grandes Sociétés sur des questions vitales de se partager l nombre des mandats qu'elles auront. Dans ces conditions, nou demandons que le projet de la Commission soit adopté.

NAST. — Il nous parait que la discussion vient d'être suffisam ment développée. Les rapporteurs sont d'avis que nous pas sions au vote.

LE PRÉSIDENT. — Je vais mettre aux voix le projet de la Commission.

(*Adopté à l'unanimité.*)

Il nous reste à trancher d'une façon d'ensemble l'organisation des Fédérations et leur rôle commercial par les articles 6, 7 et 8 et le paragraphe *b* de l'article 16.

Dans l'article 6, aucune question de principe n'étant soulevée et aucun amendement n'étant déposé, je crois que nous pouvons le voter sans difficulté.

(*Adopté.*)

Les articles 7 et 8, qui touchent des question connexes, vont être mis en discussion ensemble.

POISSON. — S'il n'y a pas d'opposition à l'article 7 tel que l proposé la Commission, je n'ai rien à dire. Il y a sur cet article une grande série d'amendements.

Mauss. — Il y a une disposition qui prévoit la représentatio directe des Fédérations au Congrès, question sur laquelle il a une opposition de la Commission. Par conséquent il me sembl que, lorsque, dans la discussion de l'article 18, nous avo parlé de voix consultative, l'article 6 que nous venons de vot n'a pas tranché la question. Les Fédérations ont donc vo délibérative...

Le Président. — Il y a dans l'article 6 que les Fédératio seront représentées au Congrès ; ce n'est pas contradictoire av la décision prise ce matin sur l'article 18, qui a assimilé l Fédérations aux Cercles en ce qui concerne la représentatio dans le Congrès.

Poisson. — Cependant, j'en profite pour faire une déclar tion : par mesure transitoire, il a été décidé que pour l Cercles et les Groupes d'éducation, on allait aboutir à un proj d'ensemble. Avant que ce projet d'ensemble soit voté, soit p le Comité confédéral, soit par le Congrès, il est entendu q les Groupes et Cercles adhérents à l'organisation nouvelle ve seront provisoirement la cotisation ancienne. Nous ne pouvo pas laisser sans cotisation pendant une année ces groupemen C'est là, bien entendu, une mesure transitoire.

La Commission propose un texte ; elle est à la disposition Congrès si on en trouve un meilleur qui puisse mettre d'acco l'unanimité du Congrès.

Héliès. — Nous avons, depuis le début du Congrès, amor la discussion avec les divers représentants des Fédérations régi nales. Il est certain que les choses établies avant le pacte d'uni sont difficiles à briser d'un seul coup. Nous pensons que le rô commercial dans la concentration des achats et de la producti coopérative incombe plus particulièrement au Magasin de Gr C'est l'organe par excellence de la production organisée, l'effort coopératif concentré et il est naturel que toutes l Coopératives quelles qu'elles soient apportent leur puissan d'achat, leur puissance de consommation à l'organisme qu'ell ont créé à cet effet.

Il est certain que si, en principe, l'on reconnaissait aux Coop ratives la possibilité d'opposer à l'organisme national des form d'organisation d'achat collectif, il y aurait là par cette opposti un démembrement du mouvement coopératif qui l'empêcher

d'atteindre l'ampleur et la force auxquelles il a droit; l'orga
sation de la production, la réalisation du problème de la coopé
tion au second degré, c'est-à-dire de la production organisée :
l'ensemble des Sociétés dans des conditions normales et dev
donner le rendement qu'on peut attendre de l'industrialisat
moderne seraient retardées.

C'est en conséquence au Magasin de Gros qu'incombe le r
essentiel des achats et de la production des Sociétés coopérati
de consommation. Mais, étant donné que le mouvement coo
ratif a été si profondément divisé jusqu'à ce jour, il s'est c
des cellules d'organisation d'achat dans les différentes régic
Nous devons en tenir compte et ce sont les sentiments qui n
ont animés dans l'établissement du pacte d'Unité. Tout en limit
le rôle commercial des Fédérations régionales, nous devons te
compte également qu'en certaines circonstances, pour certa
achats, pour certains produits, il est difficile de généraliser,
grouper d'un seul coup la totalité des opérations commerci;
et les amener immédiatement à un centre d'action et d'organi
tion commerciale nationale.

Néanmoins, on peut reconnaître que le principe qui a toujo
été admis est que les Coopératives, à quelque tendance qu'e
appartiennent, de quelque organisation qu'elles dépendent, :
de l'Union coopérative, soit du Magasin de Gros, doivent ten
vers l'unité d'action et vers la concentration, c'est-à-dire vers l
M. D. G.

C'est ainsi que dans tous les autres pays, en Suisse, en Ang
terre, en Allemagne, etc., où la coopération se trouve être dé
loppée, il n'y a qu'un M. D. G., puissant magasin d'achat et
production, parce que national, et que tous les efforts tend
vers lui.

Si on donne aux Fédérations régionales la puissance comm
ciale au point de vue principe, il serait inutile de faire une u
morale, une unité d'action pour l'ensemble du mouvement coo
ratif, car nous n'aurions créé qu'un régionalisme qui, à un r
ment donné, aurait ses conflits, ses heurts, comme les Etats fé
ralistes ont leurs conflits et leurs heurts. C'est donc par la rec
naissance du principe absolu de l'activité du mouvement coo
ratif concentré, réuni, tourné vers une forme plus forte, s'il
possible, que nous devons aller et aboutir.

Mais aussi, pour arriver à cette puissance d'action, il f
reconnaître qu'il y a des Fédérations existantes dont le rôle d;

l'avenir devra être canalisé, au point de vue moral ; il faudra leur donner un caractère de propagande, d'éducation et de formation des éléments coopératifs et de constitution des Sociétés.

C'est un plan d'action, un plan de travail que nous avons consacré de par l'adoption de nos Statuts. En effet, que disent nos Statuts : statistique, documentation, conférences, brochures, journaux, diffusion d'idées coopératives et examen de la situation propre et personnelle de ces Sociétés.

C'est donc un rôle noble qui incombe aux Fédérations, de s'occuper de la gestion morale, d'examiner la vie matérielle des Sociétés coopératives ; dans leur territoire délimité, elles auront la charge de constituer des Sociétés là où il n'en existe pas, de relever les Coopératives qui se trouvent dans une modeste situation, de faire l'éducation des coopérateurs en créant des propagandistes régionaux et en maintenant par cette propagande diffusée et répartie toute une action coopérative beaucoup plus généralisée au point de vue de la connaissance. Dans nos Congrès, nous ne devrions plus seulement aller avec quelques unités ayant étudié le mouvement coopératif, mais avec de nombreux coopérateurs au courant du mouvement coopératif, ayant étudié, discuté, dans l'ensemble des Fédérations régionales, les questions présentées à l'ordre du jour de nos Congrès.

C'est donc vers la réalisation de cette action que les Fédérations devront se diriger, avec l'appui des organismes nationaux tels que la Fédération nationale, tels que le M. D. G., et, ayant par leurs Congrès à suivre tout le mouvement coopératif, et les discussions de ces Congrès auront une action qui certainement pourra leur permettre de donner une force nouvelle grâce à leur activité.

Mais, comme je le disais tout à l'heure — et c'est en cela que quoique socialistes nous sommes parfois opportunistes — il faut tenir compte des choses établies ou existantes ; il ne faut pas, si l'on veut faire de l'Unité une réalité, essayer de contrarier, de gêner des éléments qui ont une autre conception, qui à un moment donné ont fait de gros efforts pour établir des cellules vivantes d'organisation collective, de grouper les Sociétés coopératives régionalement et il est parfois, comme cela se fait en Angleterre, possible, à côté des organisations nationales, de constituer des essais de production nécessaire aux besoins d'un certain nombre de Sociétés.

Mais est-ce à dire que parce que ces essais seront permis, parce que, par exemple, il y aura possibilité pour des Sociétés de créer des moulins pour telle ou telle région, on pourra organiser la production ou les achats concurremment avec le M. D. G. ? Cela ne voudrait pas encore dire qu'on établira parfois la production, des achats fédéraux en opposition avec l'organisation centrale. C'est contraire à ce que nous pensons du mouvement coopératif et c'est pour cela que nous demandons que ces Fédérations régionales existant au point de vue commercial, puissent se développer normalement, dans des conditions strictes que je vous indiquerai tout à l'heure, de par l'article 7, présenté d'accord avec des auteurs d'amendements tels que Lucas, qui vient déposer au nom de la Fédération du Nord-Ouest un amendement à l'article 7. Nous pensons qu'il sera possible que, par exemple, en Bretagne, il y ait pour les Coopératives un moulin, sans que le M. D. G. fasse immédiatement état d'un droit de propriété sur ce moulin. Mais nous connaissons, par l'enseignement du mouvement coopératif que, si nous n'affirmions pas immédiatement la suprématie nationale sur le système régional, il y aurait à un moment donné fatalement une lutte, une concurrence, des divergences que nous voulons éviter dès le début de l'unité. (Applaudissements.)

Nous voulons l'éviter parce que nous savons que la puissante Wholesale anglaise a été en lutte pendant de nombreuses années avec des moulins coopératifs, par exemple de l'Etat du Lancashire, que ces moulins, propriété personnelle des Coopératives, en concurrence avec ceux de leur M. D. G. ont été, à la longue, obligés de céder devant les désirs de la Wholesale et des Congrès coopératifs anglais. C'est pour éviter cela qu'il est naturel que nous établissions le principe de la propriété nationale par les Sociétés coopératives de consommation; mais aussi, tant que le M. D. G., organe de production et d'achat des Sociétés, ne se sent pas dans la puissance, dans la force de faire cette action, nous laissons ce soin aux Sociétés fédérées de l'organiser au mieux de leurs intérêts et de leurs besoins.

C'est donc en conformité d'une unité absolue, dans l'esprit du pacte d'unité et également avec l'esprit de la nouvelle Fédération nationale, que nous venons, nous qui sommes des centralistes, et combien nous l'a-t-on reproché, combien nous a-t-on dit qu'avec cet esprit centralisateur, nous ne pourrions pas, dans un pays comme la France, faire quelque chose de véritablement important !

Eh bien, c'est avec ce système pourtant que le M. D. G. a pu jusqu'à ce jour faire une action importante parce que vraiment nationale, groupant, partout où c'était possible, les forces éparses du mouvement coopératif. Cela a été d'abord les Fédérations du Pas-de-Calais et des Ardennes qui, ayant une organisation commerciale, cédaient volontairement leur entreprise au M. D. G. Ces Fédérations ne s'en sont pas plus mal développées depuis comme adhérents et puisque leur chiffre d'affaires s'est décuplé sous la stimulation du M. D. G. C'est aussi pour le M. D. G. la possibilité de reprendre les organismes de production créés par ces Fédérations. Il a certainement plus de facilité d'écoulement ; de par son influence il évite aussi la concurrence même qui ne manquerait pas de s'établir entre les Fédérations. Et même, s'il y avait une disparition locale, elle n'aurait pas de répercussion sur l'ensemble du mouvement coopératif, comme cela s'est produit en diverses circonstances, car souvent les petites Fédérations ne mettent pas les capitaux nécessaires pour faire des usines de production conformes aux besoins généralisés des Sociétés coopératives.

Croyez-vous qu'il y ait une seule Fédération qui pourrait, quelle que soit sa force d'achat, faire naître une usine comme celle de Lillers, qui peut produire aujourd'hui près d'un million de chaussures et avant même que l'unité coopérative s'établisse. Elle a coûté près de 450,000 francs de construction, matériel compris, est réellement une propriété collective, et toutes les Sociétés de France ont intérêt à la voir se développer. Si elle avait été organisée par une Fédération régionale, elle n'aurait jamais atteint l'importance qu'elle possède et celle qu'elle aura dans l'avenir.

Et puis, s'il y a une usine nationale ayant demandé beaucoup de sacrifices à établir, est-il possible qu'il y ait en même temps deux ou trois essais ou tentatives ; peut-on permettre à des Fédérations, là où l'industrie est d'ordre national, d'opposer une production à celle des Sociétés coopératives de consommation organisées sur le terrain national ? Cela serait contraire à l'esprit, aux idées qui nous animent. Mais il est des productions, il est des achats dans lesquels nous pouvons nous entendre : nous pouvons nous concerter, une fois le principe établi, et si nous sommes d'accord, je vous proposerait un texte accepté par la

Commission et qui ralliera, j'en suis convaincu, l'ensemble de nos camarades, même ceux qui professent le plus l'esprit fédéraliste. Ce texte est le suivant:

« Les Sociétés coopératives devant concentrer leur puissance d'achat et organiser leur force de production, ce rôle incombe essentiellement au Magasin de Gros.

« Toutefois, les Fédérations régionales pourront, là où le Magasin de Gros n'a pas d'entrepôts régionaux, créer des liens d'achat en commun ; ces organismes devront en tous cas demander préalablement, avant de traiter leurs marchés et de faire des achats, les conditions au Magasin de Gros qui aura la préférence aux conditions de prix et de qualité égales. Ils pourront, en outre, traiter ou produire des objets auxquels le Magasin de Gros ne peut encore s'intéresser. Néanmoins, ils ne pourront écouler leurs marchandises sans l'assentiment du Magasin de Gros en dehors de leurs limites territoriales.

« Le Comité mixte devra, d'accord avec eux, fixer les conditions de reprise éventuelle de leurs entreprisees de vente et de production par le Magasin de Gros. »

Eh bien, je crois que cette motion qui forme l'article 7, est faite pour donner satisfaction à ceux qui partent d'un point de vue fédéraliste; elle leur permet de continuer les œuvres auxquelles ils se sont attachés, d'avoir sur leur territoire la possibilité de créer des organismes de production et également de faire des achats sur des objets déterminés que le M. D. G. ne tient pas pour l'instant.

Mais elle fixe également les conditions dans lesquelles, pour certaines denrées, elles devront donner la préférence à leur organisme national, le M. D. G., pour concentrer d'une façon réelle, effective, la puissance de consommation des Sociétés coopératives françaises. Elles devront affirmer par là que, devant la concentration du capitalisme, devant l'évolution fatale de l'ordre économique, nous opposons notre méthode de l'organisation coopérative se généralisant par la concentration de ses forces, et c'est seulement par cette affirmation de principe, qui permet néanmoins le développement des efforts de Sociétés coopératives fédérées, que l'on pourra véritablement faire cette unité commerciale, prélude de l'entente morale. Dans le cas contraire, le programme coopératif n'est rien et si les Coopératives, quelle que soit leur force, se trouvent être isolées, si elles ont le sentiment égoïste, qu'elles se suffisent à elles-mêmes; si elles tiennent compte d'un esprit particulariste, elles ne pourront jamais résoudre la question sociale. Quelle que soit l'importance d'une Coopérative, elle doit avoir le souci, la conception qu'on n'est pas coopérateur parce qu'on appartient à telle Coopérative, qu'on est coopérateur quand on a l'esprit de la coopération, qui est un esprit d'émancipation générale, de transformation sociale et que c'est en concentrant cette forme d'action, non seulement dans les Sociétés locales, non seulement dans les Fédérations régionales, mais par dessus tout dans le M. D. G., essence supérieure de la coopération, réunissant l'effort de tous les coopérateurs, que c'est là seulement que sera le salut de la coopération.

Il ne sera que dans cette forme, car dans la lutte du capitalisme contre la coopération, dans les trusts, dans les cartels, dans les atteintes qu'on veut faire aux Fédérations régionales, seul, le Magasin de Gros, organisme de l'ensemble des Sociétés, pourra résister à ces atteintes. Nous l'avons vu de par les usines du M. D. G. allemand intervenant au point de vue des achats de savon que les Coopératives ne pouvaient pas se procurer du fait que les commerçants leur refusaient les marchandises nécessaires. C'est, il y a quelque temps, en Suisse, les Coopératives se voyant refuser la vente des chaussures par les négociants de la Suisse, et c'est alors que l'Union Suisse, groupant ses Sociétés, a pu mettre un capital suffisant pour organiser une usine nationale, qui a répondu à cette atteinte, à ce cartel, en opposant l'usine nationale, propriété des Sociétés coopératives de consommation, qui a brisé du même coup la coalition du capitalisme.

Eh bien, si nous avons cette conception de la coopération se généralisant, se concentrant, réunissant ses efforts, nous devons admettre par acclamation l'article 7 tel que je l'ai déposé, qui est la sauvegarde du mouvement coopératif, et qui alors pourra lui permettre de se développer sans entrave et en pleine harmonie. (*Applaudissements.*)

Le Président. — Les rapporteurs se rallient à la proposition d'Héliès, qui remplacerait le texte des Statuts qui vous a été distribué. Par conséquent, l'ancien texte est écarté et la seule discussion qui peut s'engager sera de par les délégués qui auraient des observations à faire contre la proposition d'Héliès.

Collox. — Je crois qu'au fond nous sommes, à la Fédération de Tours, complètement d'accord avec Héliès: cependant, dans son texte, il a introduit des questions qui peuvent soulever des

difficultés : « la préférence pour le commerce dans certains cas,
à prix égal, *à qualité égale...* » Comment appréciera-t-on la qualité ?

Nous vous proposons, les camarades de Tours et moi, un texte
auquel j'espère que Héliès lui-même pourrait se rallier :

« Le Magasin de Gros a le monopole de l'action commerciale
internationale et interfédérale et est exclusivement chargé de
l'organisation de la production nationale.

« Toutefois, à titre transitoire et après accord avec l'organisme central, les Fédérations régionales pourront conserver leur
action commerciale régionale, c'est-à-dire l'achat et la vente des
produits régionaux, en particulier ceux des usines qu'elles ont
créées, jusqu'à ce que, de gré à gré, ces usines aient été rachetées
par le M. D. G.

« Les Fédérations régionales pourront également, après accord
avec le M. D. G., créer de nouvelles œuvres de production
locales, dont la surveillance et la direction leur seront confiées. »

SYOB. — Le camarade Héliès nous a proposé, à Lucas, auteur
d'un amendement, à Collon et à moi, de nous rallier à son ordre
du jour. Je l'accepte aussi, mais je tiens à prendre la parole,
parce que je ne voudrais pas que les congressistes croient que la
Fédération de Bretagne accepte par humiliation, ou que nous
ayons fait une motion contraire par égoïsme. Si nous sommes
fédéralistes, la circulaire que quelques Sociétés ont reçue l'ex-
plique ; mais nous ne sommes pas fédéralistes par égoïsme. Nous
sommes trop au courant de l'évolution du capitalisme pour
croire que la force coopérative est le seul moyen de venir à bout
de l'adversaire ; nous sommes trop expérimentés dans la carrière
coopérative pour vouloir opposer la Fédération au Magasin de
Gros.

Nous avons une conception et nous tenons à la défendre : nous
pensons que les Fédérations régionales ne peuvent vivre si elles
n'ont pas à côté de leur rôle moral, un rôle commercial. Nous
pensons que les coopérateurs ne peuvent s'intéresser réellement
à quelque chose que si ce quelque chose est matériel et que, à
part quelques départements où, comme la Seine, le Nord, le Pas-
de-Calais, la coopération est dense, la plupart des autres Fédérations régionales ne pourront vivre si elles n'apportent pas à leurs
sociétaires un élément matériel à côté de l'élément moral. Je
crois que les militants des Fédérations provinciales ont pu en
faire l'expérience.

Et alors, partant de ce principe, nous demandons à ce qu'on
ne supprime pas toute organisation matérielle dans la Fédération.
Nous sommes d'accord avec Héliès sur ce point. Nous ne voulons pas opposer la production fédérale à la production nationale.
Nous disons que l'une et l'autre ont leur place, mais qu'il faut se
mettre d'accord et éviter la lutte.

Nous disons aussi que la coopération doit employer le maximum de bonnes volontés et d'intelligence à la besogne, et nous
pensons que la centralisation, au contraire, occupe peut-être le
minimum des énergies et des intelligences, parce qu'évidemment, au lieu d'avoir 15, 20, 30 Conseils d'administration s'occu-
pant de minoterie, ou d'une industrie quelconque, il n'y en a
qu'un et c'est le nombre des administrateurs réduit à sa plus
simple expression. Nous avons été, à la Fédération de Bretagne,
plus loin : nos usines fédérales sont sous la direction d'un Conseil, non pas d'administration mais de direction et nous pensons
que, en plus du Conseil d'administration siégeant à Nantes, qui
dirige l'ensemble de la Fédération, nous devions bien nous trouver — et c'est ce qui est arrivé — d'avoir remis le moulin de
Lorient sous la direction quotidienne de douze camarades qui
sont là, à pied d'œuvre, sur place et qui nous suppléent très
avantageusement dans la direction de l'usine. Au point de vue
industriel, nous avons trouvé là des avantages : au point de vue
moral, nous sommes heureux d'appeler à la besogne douze ou
treize camarades de Lorient, et véritablement, cette besogne
généralisée permettrait à des centaines de coopérateurs de se
faire une idée plus juste du mouvement coopératif et d'apporter
leur effort au mouvement.

Si nous abordons le côté financier, je crois aussi que notre
théorie a des avantages très réels. Il est certain que, s'il s'agit
de créer une œuvre locale, régionale, les capitaux seront beaucoup plus vite trouvés que pour créer une œuvre nationale.
L'expérience l'a montré ; quand une Coopérative fait un emprunt
pour elle-même, elle va beaucoup plus rapidement dans la cou-
verture de cet emprunt que pour une œuvre fédérale. Si on fait
un appel de fonds pour créer une usine régionale, on trouvera
les fonds mieux et plus rapidement que pour créer une usine
nationale. Eh bien, nous ne devons pas dédaigner le moyen
d'attirer le plus de capitaux à nous.

Camarades, examinez le côté fédéraliste ; soit du point de vue
moral, soit du point de vue financier, évidemment il a des avan-

tages. Le tout est de ne pas opposer deux forces : la force de la Fédération et la force du mouvement national. Eh bien, nous n'avons pas demandé à opposer ces forces. Nous demandons à les juxtaposer, mais nous voulons donner à la coopération le maximum de rendement et nous trouvons que ce maximum de rendement est dans la décentralisation. Ce terme de décentralisation ne veut pas dire l'émiettement des forces coopératives, car il n'y a pas émiettement à notre sens quand ces forces régionales s'unissent pour l'application des décisions communes prises dans des Congrès annuels.

Je sais bien qu'on nous oppose la méthode anglaise et la méthode allemande. Eh bien, que voulez-vous, nous ne sommes pas absolument documentés pour savoir exactement le rendement obtenu par les Fédérations nationales anglaises et allemandes, comparativement aux forces coopératives de ces pays, mais nous avons dans tous les cas expérimenté en France une méthode opposée ; elle a produit des résultats depuis dix ans, des choses belles parfois ; en tous cas, il y a quelque chose de fait : c'est que les coopérateurs sont au point de vue moral organisés en Fédérations et que nous prétendons que pour faire vivre ces Fédérations, il faut un adjuvant, un corollaire, une organisation matérielle. Nous pensons que pour que la coopération trouve des capitaux, intéresse le plus grand nombre d'individus possible et les éduque, donne le maximum de rendement, l'organisation régionale a des avantages sur la centralisation.

Ceci dit, le camarade Héliès a rédigé un ordre du jour qui ne coupe pas la vie du mouvement fédéral, qui reconnaît dans une certaine partie l'œuvre accomplie jusqu'à ce jour. La *Fédération de Bretagne* s'y rallie, mais je tenais à vous dire que ce n'est pas par humiliation, mais parce que nous ne sommes pas de ceux qui voulons tout au profit de la *Fédération de Bretagne*, au détriment des autres contrées. C'est un sentiment que nous voulons déclarer au Congrès, parce qu'il ne faut pas sortir d'ici avec la pensée que nous sommes venus en adversaires de l'unité. Nous sommes venus à l'Unité parce que nous la voulions et personne ne nous y a obligés. Nous avons une conception, nous la défendons. (*Applaudissements.*)

Le Président. — Il y a deux propositions : celle de Héliès, à laquelle s'est ralliée la Commission, et celle de Collon. Je demande au camarade Collon de renoncer à la sienne, étant donné que nous pourrons être d'accord sur l'esprit de la proposition de Héliès qui indique d'une façon précise les deux points pouvant être l'objet d'une préoccupation : manifestation en faveur de la centralisation, tenir compte des contingences pratiques. De la sorte, nous serons unanimes sur la proposition de Héliès.

LATAPIE (Tarbes). — La *Boulangerie Ouvrière*, de Tarbes, a proposé un amendement. Après les observations de Héliès, je déclare que nous nous rallions à sa motion.

LE PRÉSIDENT. — Je la mets aux voix.

(*Adoptée à l'unanimité moins une voix.*)

LAVANCHY (Lorient). — Je voudrais demander un renseignement sur le rôle commercial des Fédérations tel qu'il vient d'être accepté ; lorsque le M. D. G. sera définitivement constitué, lorsque les Sociétés coopératives adhérentes au M. D. G. sauront quels sont les droits et les devoirs, et surtout les obligations financières qu'elles auront à remplir vis-à-vis du M. D. G., est-ce qu'elles se trouveront encore, par le fait qu'un certain rôle commercial sera laissé aux Fédérations, obligées de faire un versement financier supplémentaire à celui du M. D. G., aux Fédérations régionales. En un mot, les Sociétés coopératives étant adhérentes au M. D. G. et faisant régulièrement leurs versements, seront-elles obligées de faire un double versement : un au M. D. G. et un aux Fédérations régionales ?

LE PRÉSIDENT. — Les Sociétés sont actionnaires facultativement au M. D. G. de par les Statuts, et, au sein de leur Fédération, elles discutent avec les autres Sociétés qui composent la Fédération les charges, les moyens dont elles peuvent disposer dans les limites des Statuts.

HÉLIÈS. — Pour être adhérentes au M. D. G., il faut que les Sociétés adhèrent à la Fédération nationale d'abord, remplissent les conditions que vous venez d'admettre tout à l'heure dans les Statuts ; et ensuite, comme il n'y a pas d'obligation absolue d'adhérer au M. D. G., les Sociétés adhèrent si bon leur semble, mais nous souhaitons ardemment, et c'est ce qu'indiquait Poisson : à savoir, qu'on arrive à la double obligation, c'est-à-dire que les Sociétés coopératives adhèrent à la fois à la Fédération nationale et en même temps à leur M. D. G. Pour adhérer au M. D. G., il n'est pas de cotisation annuelle : il s'agit, puisque c'est une Société commerciale, de souscrire un certain nombre d'actions

de 25 francs, le minimum deux par cent membres ou fraction
de cent membres, elle sera alors adhérente au M. D. G., elle
aura droit à prendre part à l'Assemblée générale, à participer
à la distribution de ses bénéfices et aux autres avantages des
actionnaires, à la répartition des bénéfices, conformément aux
Statuts avec le même principe que la Société distribuant ses
bénéfices aux coopérateurs, c'est-à-dire au prorata des achats.

Maintenant, un camarade de Châtellerault demande à ce que
nous fassions une déclaration en tant que M. D. G. au point de
vue de l'obligation des achats. Jamais il n'est entré dans notre
esprit que les Sociétés coopératives perdent leur caractère d'autonomie du fait qu'elles adhèrent au M. D. G. A la base de tout
mouvement démocratique il y a la liberté, par conséquent le
principe de liberté des achats doit être admis. Mais, néanmoins,
quand on connaît bien le mouvement coopératif, si l'on cherche
les Sociétés prospères, on voit que ce sont celles qui ont un
esprit d'émancipation, et on le reconnaît surtout au pourcentage
d'achats qu'elles font à l'organisme national. Cela ne peut être
qu'une question d'obligation morale et de libre discussion au
sein des Sociétés coopératives et en aucun cas une obligation matérielle.

Il est naturel et entendu que si le M. D. G. fait des sacrifices
pour instituer un entrepôt régional dans une contrée et que les
Sociétés ne lui achètent pas ces denrées ou la production qu'il
a organisée et qu'elles achetaient précédemment à l'épicier en
gros ou au fabricant, elles porteraient un préjudice considérable à
la coopération en allant continuer à s'alimenter dans les officines
capitalistes; fréquemment, non seulement en France mais à
l'étranger, chaque fois que les organisations coopératives nationales ont voulu créer des entrepôts régionaux, les commerçants ont diminué leurs prix de vente. C'est aux Coopératives,
si elles veulent être fidèles au principe de la coopération, de faire
ce qu'elles demandent à leurs coopérateurs, c'est-à-dire de s'alimenter quand même au Magasin de Gros et à la production
organisée par celui-ci. (Applaudissements.)

Voilà l'obligation que nous demandons; elle est morale: celle
de faire vivre l'œuvre qui a demandé tant de peine à établir, et
nous voulons voir sa prospérité s'accroître par l'appui de l'ensemble des sociétés, dont la puissance d'achat permettra de
réaliser quelques centaines de milliers (Applaudissements.)

LAVANCHY. — Je remercie le camarade Héliès des renseignements qu'il vient de donner, mais il n'a pas répondu complètement à la question que j'ai posée. Il m'a bien dit que pour faire partie du M. D. G. il fallait prendre un certain nombre d'actions de vingt-cinq francs. Mais j'ai posé cette question: nous sommes adhérents au M. D. G.; nous avons notre nombre d'actions régulièrement constitué pour en faire partie; faut-il, pour que nous nous servions au dépôt de la Fédération, qui pour moi n'est qu'un dépôt du M. D. G., que nous fassions encore des versements pour être servis par le magasin de la Fédération ?

HÉLIÈS. — Mais non.

LE PRÉSIDENT. — Vous avez satisfaction.

LACHAIZE (Mâcon) lit la déclaration suivante :

Membre du Conseil fédéral de la Fédération des Coopératives P.-L.-M.. Est et diverses, j'ai une déclaration à faire :

La Fédération des Coopératives P.-L.-M., Est et diverses a plus d'un quart de siècle d'existence. Elle groupe actuellement 70 Sociétés du réseau P.-L.-M., 10 du réseau de l'Est et 50 Sociétés dites diverses, ouvertes à tous les consommateurs, cheminots ou non: au total, 140 Sociétés comprenant 60,000 membres.

Elle est organisée commercialement depuis sa fondation; les Sociétés fédérés font par elle directement ou indirectement plus de 3 millions de francs d'affaires.

Elle possède des organisations complémentaires ayant une vie propre dans lesquelles elle a engagé des capitaux considérables et dont la situation ne peut se régler en un tour de main. Elle a des engagements à longue échéance auxquels elle ne peut pas faire faillite dans l'intérêt même de la coopération.

La Fédération P.-L.-M., Est et diverses, fidèle à son passé, au cours duquel elle a toujours travaillé de tous ses efforts au développement du mouvement national coopératif, applaudit à l'Unité coopérative aujourd'hui réalisée.

Elle regrette que les Statuts votés ne lui permettent pas d'adhérer à la Fédération nationale constituée; mais elle désire qu'une entente loyale permette une collaboration intime entre la Fédération P.-L.-M., Est et diverses et la Fédération nationale.

LE PRÉSIDENT. — Nous prenons acte de la déclaration faite par le camarade.

L'ensemble des articles des Statuts ayant été adopté, nous arrivons aux deux qui ont été renvoyés à la suite : réalisation de l'unité coopérative locale et délimitation territorale des Fédérations.

Nast. — Délimitation territoriale. — Je dois tout d'abord vous dire que le tableau que vous avez vu fixé à la suite des Statuts est un tableau simplement indicatif. Vous deviez vous attendre à ce que la Commission ne pût dresser par avance qu'un schéma, d'ailleurs bien incomplet, puisqu'on y a oublié le département du Lot-et-Garonne !

Je dois vous dire qu'un certain nombre de vœux sont parvenus à la Commission en ce qui concerne la délimitation territoriale des Fédérations.

En réalité, comme je vous le disais, la Commission d'unité n'a pu préparer un tableau qu'à titre indicatif, de manière à solliciter les Sociétés groupées en Fédérations, qui peuvent exister d'un côté ou de l'autre actuellement, à manifester leurs désirs à cet égard. Mais, en réalité, c'est aujourd'hui, à partir de la constitution de la Fédération nationale, qu'il va falloir procéder à la revision méthodique et rationnelle du tableau qui se trouve à la suite des Statuts.

En conséquence, la Commission vous demande de bien vouloir simplement renvoyer cette étude dans les conditions que je vais vous proposer en deux mots : on pourra, pour l'inspiration qui devra guider le tableau nouveau des Fédérations à dresser, tenir compte d'une motion proposée par la *Coopérative*, d'Ermont, qui demande qu'avant de déterminer la composition des Fédérations, on désigne le siège d'abord et fasse converger les départements autour de ce centre en s'inspirant des moyens de communication et de transports rapides et économiques.

Par conséquent, il y a un certain nombre de faits et de considérations qui, pour le travail qui sera effectué aussi soigneusement que possible, devront être déterminants.

La Commission vous propose, puisque c'est un travail qui demande une enquête et une étude sérieuses, de déléguer au Comité confédéral, qui sera constitué en vertu des Statuts nouveaux, le soin d'établir le tableau des Fédérations territorialement délimitées, étant donné qu'un tableau de ce genre n'est pas absolument irrevisable dans l'avenir.

Le Président. — Je ne crois pas qu'il puisse y avoir d'objection à la proposition du rapporteur, qui est la logique même. Il est évident que nous ne pouvons pas discuter et que le Comité confédéral sera beaucoup mieux placé à cet égard. Personne n'a d'opposition à faire ?

(*Adopté.*)

NAST. — Il reste un certain nombre de motions et de vœux que la Commission doit vous exposer rapidement.

POISSON. — Je vous rappelle la cotisation des Fédérations.

Plusieurs voix. — Pourquoi ?

POISSON. — Les Fédérations ont voix consultative : il serait légitime qu'il y ait cotisation.

Plusieurs voix. — Elles en paient déjà.

LE PRÉSIDENT. — Cette disposition avait sa raison d'être quand nos Fédérations pouvaient comprendre des Sociétés non adhérentes à votre organisation ; mais étant donné que les Fédérations sont composées de sociétés adhérentes à la Fédération et qui paient, il est inutile de leur demander une autre cotisation.

POISSON. — Je vous rappelle en plus que nous avons laissé de côté à l'article 16 le paragraphe 2 concernant le Comité mixte. Avant d'avoir réglé le rôle des Fédérations, nous vous proposons de mettre au paragraphe 2 ceci :

« Organisation et rôle commercial des Fédérations dans les limites de l'article 7... »

LE PRÉSIDENT. — En ce qui concerne les circonscriptions territoriales des Fédérations, c'est tout, il n'y a pas d'objection ? C'est du reste d'accord avec ce qui vient d'être voté.

NAST. — La Commission a à vous proposer en premier lieu un petit nombre de mesures transitoires qui s'imposent tant que la délimitation des Fédérations n'est pas un fait accompli.

Première mesure transitoire : en attendant la constitution de certaines Fédérations, les Sociétés pourront adhérer directement à l'organisation centrale.

LE PRÉSIDENT. — Pas d'opposition ? C'est du reste de style. (*Adopté.*)

NAST. — Autre mesure transitoire :

« En attendant la constitution ou la régularisation des Fédération, les cotisations seront perçues directement par l'organisme central. »

Le Président. — Pas d'opposition ?

L'*Union Economique*, d'Auray (Morbihan) demande qu'on vote la motion additionnelle suivante :

« Le Congrès élira une Commission supérieure d'arbitrage chargée d'étudier, de concilier et de juger en appel tous les différends d'ordre coopératif pouvant survenir soit entre deux Sociétés adhérentes, soit entre une Fédération et une ou plusieurs Sociétés, soit entre une Fédération régionale et la Fédération nationale ou le M. D. G. Elle sera composée : 1° D'un délégué de la Commission mixte prévue par l'article 16 : 2° De un ou deux délégués du Comité confédéral : 3° De un ou deux délégués du Conseil central et de six autres coopérateurs.

Cette Commission supérieure d'arbitrage ne s'occupera que des différends et conflits qui auront été examinés préalablement par une Commission d'arbitrage du premier degré.

Il pourra être fait appel de ses décisions devant le Congrès.

Camarades, nous estimons à la Commission que la proposition de l'*Union Economique*, d'Auray, est extrêmement intéressante en ce qu'elle propose d'établir une Commission d'arbitrage. Seulement, nous vous proposons de modifier les conditions dans lesquelles cette Commission fonctionnera.

Il est certain qu'il est superflu d'organiser l'arbitrage au premier et au deuxième degrés. Ceci est extrêmement compliqué D'autre part, il est inadmissible que si certaines contestations viennent à se produire avec la Fédération, ce ne soit pas directement le Congrès qui en soit juge. Par conséquent, l'arbitrage ne peut se concevoir que pour les contestations entre groupements adhérents à la Fédération et dans ce cas-là la question du fonctionnement de l'arbitrage devient une question d'exécution. Par conséquent, la Commission vous propose le texte suivant :

« Le Comité confédéral constituera une Commission d'arbitrage à l'effet de régler tous différends pouvant naître entre des groupements adhérents à la Fédération nationale. Le Congrès restant souverain en dernier ressort. »

Le Président. — Pas d'opposition à ce nouveau texte ?
(*Adopté*.)

Nast. — Un vœu a été émis par la *Laborieuse*, d'Annonay, tendant à voter ici les Statuts du futur M. D. G. unitaire.

Nous faisons observer à la Société d'Annonay qu'il y a eu une confusion dans son esprit; il ne peut pas s'agir ici des Statuts du futur Magasin de Gros à adopter, étant donné que l'opération doit se faire de la manière suivante: le M. D. G. absorbe la Coopérative de Gros, de sorte que c'est juridiquement le M. D. G. qui subsiste en se développant, et il y aura lieu de tenir la prochaine Assemblée générale du M. D. G. dans les conditions habituelles.

La *Fédération des Coopératives de la Somme* demande que le pacte d'unité soit annexé aux Statuts que nous voterons à Tours: la proposition va de soi.

La *Fédération de la Région parisienne* propose que, dans un délai de cinq ans, toutes les Sociétés adhérentes devront être des Sociétés ouvertes. Ceci nous paraît être tellement l'application du principe coopératif qui se trouve à la base de l'Unité, que personne ne s'oppose dans la Commission à l'adoption de ce vœu.

Le Président. — Cela a été adopté. (*Approbation.*)

Thuillier (Amboise). — Le Magasin de Gros devient-il un magasin national ?

Le Président. — Il l'a toujours été.

Thuillier. — Reste-t-il la propriété collective des Sociétés actuellement adhérentes ou, en raison de l'Unité, toutes les Sociétés doivent-elles adhérer au M. D. G. ?

Le Président. — Il va sans dire que les Sociétés actionnaires de l'ancien deviennent actionnaires du M. D. G. par suite de la fusion.

Thuillier. — Celles qui ne sont pas adhérentes au M. D. G. et qui entrent dans l'unité, sont-elles obligées d'adhérer ?

Le Président. — Héliès a expliqué qu'il n'y avait qu'une obligation morale.

Thuillier. — Cela devrait être une obligation matérielle, parce que nous retardons le mouvement coopératif de vingt ans.

LE PRÉSIDENT. — C'est une question très grave et quoique nous soyons tous d'accord, ne faisons donc qu'une obligation théorique. Il y a lieu pendant quelque temps de ne pas exiger strictement une obligation matérielle que l'ancienne Bourse des Coopératives elle-même n'a pas pu assurer de ses Sociétés ; par conséquent, laissons cela dans les Statuts comme cela est actuellement et nous verrons dans un avenir très prochain à rendre plus stricte l'obligation des Sociétés à cet égard.

NAST. — Nous avons une motion additionnelle proposée d'un côté par la *Fraternelle,* de Bas-Meudon, et, d'autre part, par l'*Union Coopérative,* de Tours, qu'on limite à une seule Coopérative par localité le nombre des Sociétés qui pourront adhérer à la Fédération nationale.

Il y a là un principe extrêmement délicat à appliquer, surtout actuellement. Quoique évidemment la coopération française doive tendre à empêcher les Sociétés de se concurrencer entre elles, quoique nous devions insérer un jour ou l'autre une disposition analogue à celle qui a permis à l'Union Suisse de se développer merveilleusement : à savoir qu'une seule Coopérative en principe par localité pourra adhérer à l'organisation, nous croyons que pour des raisons d'opportunité il ne nous appartient pas dès maintenant de trancher cette question, qui est trop grave pour être discutée en fin de Congrès.

LE PRÉSIDENT. — Personne ne voit d'objection à ce que de cette question très délicate il soit fait une étude spéciale ?...

NAST. — Un vœu a été déposé par la *Ruche Algérienne,* engageant vivement toutes les Sociétés coopératives à ne vendre qu'à leurs seuls sociétaires.

Vous savez l'importance de cette question de la vente au public, quels sont les problèmes qu'elle soulève. Nous sommes obligés actuellement de ne pas trancher la question de principe sur ce point. C'est un simple vœu.

Vœu de l'*Union Coopérative* de Montbéliard, invitant le Congrès de Tours à indiquer nettement que l'œuvre d'émancipation des travailleurs que doit réaliser le mouvement coopératif ne comporte ni effacement ni diminution du rôle qui incombe aux travailleurs groupés pour la défense de leurs intérêts professionnels.

LE PRÉSIDENT. — C'est là un vœu sur lequel il est bien inutile de se prononcer... Est-ce que vous adoptez ce vœu ou non ? Il répond à une préoccupation d'esprit qu'avaient eue les camarades de la *Lutèce Sociale* lorsqu'ils ont demandé la modification du mot « émancipation des travailleurs ». Il y a un certain nombre de sociétaires des Coopératives qui croient que les mots tels qu'ils sont mis dans les Statuts « émancipation des travailleurs », vont susciter une concurrence avec les Syndicats.

NAST. — Ils ne comprennent pas.

DE VELNA. — Soit, mais je vous demande pour ces ignorants, dont je ne suis pas.. (*Rires*) de vouloir bien adopter ce vœu.

LE PRÉSIDENT. — La question est tellement le résultat de toutes nos discussions et du pacte d'unité, qu'il ne peut pas y avoir d'opposition à ce qu'on accepte un vœu de cette nature.

LE RAPPORTEUR. — Je donne lecture d'un vœu du citoyen Prudhommeaux, contre la guerre :

« Le Congrès unitaire de la coopération française, heureux de saluer la présence des délégués des principales organisations coopératives étrangères et de l'Alliance coopérative internationale ;

« Considérant que jamais les possibilités d'une guerre européenne n'ont été plus menaçantes et qu'il importe de faire entendre aux Gouvernements les avertissements des travailleurs, partisans résolus de la paix ;

« Considérant que la coopération, par son idéal et par ses moyens de réalisation, tend à supprimer les causes économiques qui poussent les gouvernants à poursuivre par les guerres de conquête et la colonisation militaire, l'acquisition de marchés nouveaux au profit de leurs nationaux ;

« Rappelle, une fois de plus, à tous ses adhérents, que la coopération est une des voies les plus sûres et les plus pratiques d'arriver à l'entente fraternelle des peuples et invite la Fédération nationale des Sociétés françaises de consommation à s'associer dès maintenant par tous les moyens en son pouvoir à l'œuvre nécessaire de la paix internationale. »

LE PRÉSIDENT. — Ce serait diminuer la portée de cet ordre du jour que de le mettre aux voix.

(*Adopté par acclamations.*)

Nast. — Vœu présenté par l'*Econome*, de Sens :

« Le Congrès, considérant :

« Que l'usage d'une langue commune facile et précise est nécessaire pour mener à bien l'œuvre de rapprochement international que poursuit l'Alliance Coopérative ;

« Qu'il permettra aux délégués des divers pays aux Congrès de la coopération de se comprendre directement, sans perdre le temps des séances en multiples traductions n'intéressant qu'une partie restreinte de l'auditoire ;

« Qu'il resserrera les liens de la solidarité économique entre coopérateurs du monde entier par des correspondances suivies et des sympathies personnelles ;

« Qu'il contribuera puissamment à assurer la paix entre les peuples, condition indispensable du progrès de la coopération.

« Considérant d'autre part,

« Que, par une longue pratique de la correspondance internationale et par l'expérience de huit Congrès universels, l'esperanto s'est montré paraitement apte à remplir le rôle de langue auxiliaire internationale *populaire ;*

« Recommande à toutes les Sociétés coopératives de France l'établissement de cours d'esperanto à l'usage de leurs membres, et à tous les coopérateurs, spécialement aux militants délégués dans les Congrès, l'étude et la pratique de la langue auxiliaire de Zamenhof. »

Le Président. — Nous ne pouvons que prendre acte de cette communication, mais non la voter parce que nous aurions l'air d'inviter les Coopératives à faire un acte, alors qu'il y en a de beaucoup plus importants dont nous ne parlons pas.

Un délégué d'Issoudun. — L'article 12 est ainsi conçu :

« Pour être candidat au Conseil central, un minimum de consommation est nécessaire ».

Un minimum de consommation n'est pas imposé à nos sociétaires. Je demanderai donc si ce minimum de consommation serait une condition *sine qua non* à l'adhésion des Sociétés à la Fédération.

Le Président. — C'est une discussion qui a été longuement développée hier. Il est entendu que quand nous disons qu'on impose un minimum de consommation par Société, si la Société n'impose pas ce minimum, les camarades pourront être candidats.

Un délégué d'Issoudun. — Un autre renseignement. Je lis dans le paragraphe 4 de l'article 6 :

« Réserve une part de leur trop-perçu... »

Dans mon organisation, les administrateurs, à la suite de circonstances particulières que je n'ai pas à indiquer, ont éprouvé le besoin de supprimer la Caisse de prévoyance sociale. A l'heure actuelle, nous n'avons plus que la bibliothèque.

Le Président. — Ce sont des questions d'espèce que nous serons appelés à examiner pour toutes les Sociétés qui demanderont leur adhésion. Dans l'espèce, la bibliothèque entre dans les œuvres de propagande prévues par le deuxième paragraphe dudit article et n'a pas le caractère des œuvres sociales auxquelles il est nécessaire d'affecter le trop-perçu.

Poisson. — Au nom de la Commission unitaire, je suis chargé de vous présenter une liste de candidats pour le Conseil d'administration de la nouvelle Fédération. Régulièrement, nous devrions procéder avec des listes dont les noms seraient connus par avance et dont nous aurions pu vérifier si leur candidature était conforme aux statuts qui viennent d'être votés, c'est-à-dire qu'ils devraient être présentés par une Société et avoir fait partie d'une Commission statutaire ou d'un bureau de Cercle, ou avoir appartenu à un Conseil des deux organismes qui viennent de disparaître.

En fait, nous sommes devant une difficulté : c'est que nous allons être obligés de nommer un Conseil d'administration pour la première année sans avoir la possibilité d'appliquer les Statuts. Mais nous estimons qu'après l'unanimité qui n'a cessé de se produire d'un bout à l'autre de nos discussions, le Congrès ratifiera la liste unitaire que nous présentons pour le premier Conseil et qu'ainsi, il n'y aura pas besoin de se servir de la représentation proportionnelle, comme le prescriraient les Statuts, que nous n'avons pas besoin de mettre en œuvre, et que nous espérons n'avoir jamais besoin de mettre en œuvre, et que nous présenterons comme aujourd'hui une liste d'unité. Voici cette liste.

Le Conseil est composé de vingt-un membres. De plus, vous avez adopté ce matin l'idée de suppléants pour le cas où des camarades ne se seraient pas excusés pendant cinq séances consécutives.

Voici la iste des membres titulaires :

Georges Alfassa, Bailly, Barrault, Boudios, Buguet, Carlier, Delorme, Daudé-Bancel, Héliès, Alice Jouenne, Gide, Bernard-Lavergne, Laverny, Levasseur, Alf. Nast, Pérussie, Poisson, Roger-Picard, Sellier, Tutin, Waseige.

Membres suppléants :

Gaumont, Chabert, Maurice Alfassa. Huberty et Luquet.

Nous vous demandons, d'autre part, de nommer une Commission de contrôle de cinq membres et nous vous proposons de nommer la Commission qui existe déjà à la Confédération, c'est-à-dire les camarades Jouandanne, Petit et Thomas et d'y ajouter Vibert et Prudhommeaux.

Voilà donc les propositions que la Commission unitaire vous fait, espérant que le Congrès, à la suite des votes d'unanimité qui ont été jusqu'ici émis, va encore les ratifier à l'unanimité.

Un délégué. — Je voudrais qu'il soit fait indication du nom des Sociétés.

POISSON. — Il aurait fallu appliquer non seulement cette disposition des Statuts sur ce point, mais toutes les autres. Il aurait fallu que nous puissions faire par avance une application de statuts qui n'étaient pas votés. Il est évident que le Conseil qu'on nommera au prochain Congrès sera nommé avec des listes connues d'avance, avec des candidats et des listes complètes, déclarés par avance, sera élu après vérification par le Conseil existant, pour savoir si les candidats sont dans les conditions prévues aux Statuts, c'est-à-dire s'ils sont présentés par une Société, s'ils ont le minimum de consommation. Aujourd'hui il est absolument impossible de faire cela. Nous vous proposons une liste d'entente qui est en vérité le résultat de l'organisation de l'Unité.

Remarquez que dans cette liste figurent des noms des deux Conseils d'administration, figurent même des camarades qui n'y étaient pas, mais que nous croyons utiles pour le développement ultérieur du mouvement coopératif et aussi bien au Conseil central qu'à la Confédération des Coopératives, nous avons été obligés de nous séparer de braves et bons camarades qui auraient peut-être des titres égaux et même meilleurs à être sur cette liste, mais nous n'avons pas envisagé la question des personnes et sans oublier les services rendus par les uns e les autres, nous avons fait une liste d'entente et d'unité que nous vous demandons de voter ; nous espérons que, faite par la Commission d'Unité et faite sur le terrain d'unité, vous la voterez pour l'Unité.

Le Président. — Tous les candidats remplissent toutes les conditions prévues aux Statuts, sauf un seul, dont le temps n'a pas permis la présentation par une Société.

Huberty. — Je détiens un mandat d'une Société ; il aurait été préférable que cette Société me donne aussi le mandat de la représenter à la Fédération nationale. Ensuite, il y a un inconvénient : c'est que déjà j'appartiens à la Fédération de la région parisienne. Je ne sais pas, cela n'a pas été délimité exactement, si le mandat appartenant à une Fédération quelconque ne ferait pas double emploi avec la Fédération nationale. Dans les Statuts cela n'a pas été discuté. Pour ma part, j'accepte d'être suppléant, mais sous réserve de ratification de ma Société.

Un membre. — Il est impossible d'accepter cela. Le Congrès a décidé qu'on ne dépendait pas d'une Société : c'est anti-démocratique.

Huberty. — C'est une question morale. Si demain la Société que je représente décide que je ne peux pas la représenter à la Fédération, je m'inclinerai ; c'est une question morale, de probité, mais provisoirement j'accepte.

Paul-Alexandre. — Les camarades anciens administrateurs et éliminés de la liste d'entente sont-ils tous consentants, ou bien a-t-on dressé cette liste sans consulter ceux qu'on a éliminés ? Il serait préférable que ceux qu'on a éliminés y consentissent.

Poisson. — On ne peut pas demander aux gens de consentir à leur suicide. Même parmi les camarades, aussi bien du Comité Central que du Conseil de la Confédération, il y avait de nos meilleurs amis et des camarades sûrs, qui sont peut-être meilleurs que ceux que nous avons choisis, mais il fallait bien choisir pour faire une liste commune ; le meilleur moyen n'était pas de commencer par gentillesse de les prévenir qu'on les éliminerait : ils le constateront tristement, mais nous n'en resterons pas moins bons amis et camarades qu'auparavant. (*Approbation*.)

ALEXANDRE. — Je regrette qu'on n'ait pas cherché du moins à obtenir des camarades suicidés leur consentement. Je suis persuadé qu'en sortant d'ici et même plus tard, les camarades éliminés déclareront qu'ils ont été « zigouillés ». (*Rires*.) Si vous aviez obtenu leur consentement au préalable, il n'y aurait pas eu d'incident.

LE PRÉSIDENT. — Que ceux qui sont d'avis d'adopter cette liste lèvent la main.

(*Adopté à l'unanimité, sauf la* Bellevilloise, *qui s'abstient*.)

POISSON. — La Commission propose pour la Commission de contrôle :

Prudhommeaux, Jouandanne, Petit. Thomas et Vibert.

LE PRÉSIDENT. — Pas d'opposition ?

(*Adoptée*.)

Conformément à l'article 17 des Statuts, le prochain Congrès aura lieu aux mêmes dates et lieu que l'Assemblée générale du Magasin de Gros. Nous laisserons au Comité mixte le soin de désigner la date et le lieu de ce Congrès.

Avant de lever la séance, je tiens à remercier, au nom de tout le Congrès, nos camarades de Tours, et notamment notre camarade Roldes, du soin avec lequel ils ont facilité leur tâche aux congressistes et de l'hospitalité qu'ils nous ont donnée. Ils peuvent d'autant plus se féliciter de ce Congrès que je n'oublie pas que la Fédération du Centre, avec les deux Sociétés de Puteaux et l'*Econome*, de Sens, qui sont représentées aujourd'hui au bureau, ont été les initiateurs de l'Unité coopérative en France et ont été les premiers à en demander la réalisation.

Je ne veux pas, en terminant ce Congrès, vous faire un long discours. Vous savez ce que nous avons fait, la besogne que nous avons accomplie. Vous savez quel est le sentiment de fraternité et de sympathie qui unit ici tous les délégués et de l'une et de l'autre fraction et indique que l'Unité n'est pas seulement verbale, mais de fait ; qu'elle est basée non seulement sur la doctrine, mais sur la sympathie personnelle.

Il ne nous reste plus qu'une chose à faire : c'est de tra-

vailler en nous rappelant, comme on le faisait hier, le mot ‹
poète :

> Sans nous diviser, passons notre chemin.
> L'aube des temps nouveaux rougit sur la colline,
> Allons à l'avenir en nous donnant la main !

(Vifs applaudissements.)–

La séance est levée à six heures.

AUTOUR DU CONGRÈS

Les coopérateurs qui ont eu l'avantage de participer aux Congrès de Tours ont remporté la conviction ferme qu'un pas très intéressant y avait été fait en faveur du mouvement coopératif français. Ils ont apprécié comme il convenait les efforts très méritoires de la Commission locale d'organisation du Congrès, dont les membres se sont dévoués pour recevoir dignement et fraternellement les délégués étrangers. Au premier rang de ces coopérateurs dévoués, il convient de mettre nos camarades Adeline et Roldes qui, plus que tous les autres, ont à toute heure payé de leur personne.

La Conférence du 28.

Le samedi soir, 28, a eu lieu, au Théâtre Français, une Conférence publique et gratuite présidée par E. DE BOYVE, le fondateur de l'*Union Coopérative* et de l'*Alliance Coopérative Internationale*, qui expose comment il est devenu coopérateur et dit sa joie intense de voir se réaliser enfin l'Unité coopérative en France.

Puis ALICE JOUENNE, la vaillante militante de la coopération parmi les femmes, fait une intéressante conférence sur la Femme et la Coopération. Elle montre comment la coopération moralise les ménages et termine en rappelant le mot de Charles Gide : « La Coopération n'est pas une enseigne ; c'est une étoile ». (*Applaudissements.*)

CHARLES GIDE rappelle que de Boyve avait organisé et présidé, il y a 27 ans, le premier Congrès de la Coopération française, et qu'il était, par conséquent, tout désigné pour présider la séance inaugurale du Congrès de Tours qui, comme celui de 1885, marque une ère nouvelle.

On a défini une vie heureuse celle qui réalise dans l'âge mûr le rêve de la jeunesse. En ce sens, son ami de Boyve et lui peuvent se dire heureux puisque, arrivés au couchant de la vie, ils voient se lever une aube nouvelle.

Il défend l'*Union Coopérative* d'avoir été une école neutre.

Elle a été surtout ouverte à tous. Il rend hommage aux vertus agissantes de la coopération ouvrière; mais la Coopération ne sera vraiment forte, dit-il, que si elle est ouverte à toutes les bonnes volontés, afin de contenir toute la Société future. Il n'est pas de ceux qui se flattent que l'Unité, une fois faite, tout sera fait. Ce qui importe pour le succès d'un mouvement, ce n'est pas tant le cadre et l'organisation que la force motrice. On peut discuter en aviation sur les mérites du biplan, ou du monoplan, mais l'un ou l'autre ne vaudront que ce que vaudra le moteur; s'il s'arrête, c'est la chute ! La Coopération française, jusqu'à présent, était un biplan, la voici devenue un monoplan : c'est bien, mais il faut aussi le moteur. Nous le trouverons dans le cœur des jeunes et vaillants propagandistes qui sont autour de nous et aussi dans quelques vieux cœurs qui ne cesseront de battre pour la Coopération que le jour où ils s'arrêteront pour toujours. (*Applaudissements.*)

HÉLIÈS salue les délégués qui ont été les artisans essentiels de l'Unité coopérative, notamment Maxwell, le président de *l'Alliance coopérative Internationale*. Il se réjouit de voir réunis en un seul faisceau les champions de l'Unité pour un mariage de conscience. La Coopération est née des conflits économiques qui déterminent l'organisation ouvrière orientée vers la suppression du salariat. Si les coopérateurs socialistes ont le mieux appliqué les doctrines de Gide et de de Boyve, c'est parce qu'ils en ont le mieux senti la nécessité. — Après l'Unité, la propagande sera intensifiée et la vie du Magasin de Gros considérablement accrue. — De toutes manières, la Coopération libèrera l'individu des servitudes qui l'ont écrasé jusqu'ici. (*Applaudissements.*)

POISSON constate que la Coopération n'a pas une bonne presse; car elle n'a pas eu pour elle, jusqu'ici, la puissance politique et économique. Elle aura cela dans quelques années, grâce à l'Unité. Celle-ci se fait loyalement, sans arrière-pensée; car tous les coopérateurs veulent la Coopération *autonome*, sans épithète. Toute épithète créerait ou perpétuerait l'équivoque ancienne. La Coopération est socialiste puisqu'elle veut que les consommateurs et les producteurs soient les maîtres dans la Société. Poisson veut la Coopération ouverte à tous pour le maximum de résultats socialistes. Pour lui, la Coopération est à la fois idéaliste et réaliste, réformiste et révolutionnaire, et:

à ce titre, elle est la meilleure base pour la création d'une Société nouvelle. — L'Unité vaut par les promesses qu'elle contient; elle sera exaltée par les propagandistes qui porteront le flambeau partout où il le faudra pour éclairer l'Humanité. (*Applaudissements.*)

ALBERT THOMAS rappelle sa proposition du Congrès de Calais tendant à supprimer le mot « socialiste » dans le titre de la Confédération Coopérative et se réjouit de ce qu'on ait repris sa proposition. Il montre comment les facteurs capitalistes ont, mieux que les efforts des théoriciens, travaillé à la réalisation de l'Unité. Celle-ci est plus utile, dit-il, en Coopération qu'en politique ou en syndicalisme. Si le Parti socialiste se divisait, il faudrait conserver l'Unité syndicale et coopérative (*Applaudissements.*)

DAUDÉ-BANCEL fait ensuite passer sous les yeux des assistants les vues de nombreux établissements coopératifs, en les commentant et en montrant la valeur économique et moralisatrice de la Coopération.

Déjeuner International.

Après la réception du dimanche matin, les délégués étrangers ont été invités à un banquet intime auquel avait été conviés les représentants des deux groupements et de la Commission locale d'organisation.

Au dessert, MAXWELL a bu à la santé des coopérateurs tourangeaux pour leur splendide hospitalité, au milieu des « hurrah » des convives.

SOULET boit aux délégués étrangers présents et absents et à la Coopération internationale.

ANEURIN WILLIAMS porte un toast à l'éminent champion de la Coopération internationale, Charles Gide, parmi les applaudissements unanimes.

A l'Hôtel de Ville.

A 18 heures, avait lieu à l'Hôtel de Ville, une superbe réception des congressistes par la municipalité.

Dans un discours qui a fait la plus favorable impression, M. LE

Maire de Tours a souhaité la bienvenue aux coopérateurs réunis à Tours.

Puis Poisson a remercié la ville de Tours du concours précieux qu'elle avait apporté au Congrès.

Ensuite au nom des huit nationalités représentées à cette réception, Pronier, de Bâle, a dit l'agéable surprise qu'ils avaient éprouvée pour la façon cordiale dont ils avaient été reçus et leur admiration pour la magnificence des paysages et des monuments tourangeaux.

Après les allocutions, visite des salles de l'Hôtel de Ville et vin d'honneur offert par la municipalité.

Soirée de gala.

A 20 h. 30, les Coopératives tourangelles et la Fédération du Centre ont offert une magnifique soirée de gala aux congressistes au Théâtre Français, avec le concours précieux du groupe des pupilles de la Société coopérative d'Angers-Doutre, de la Musique municipale des sapeurs-pompiers de Tours ; de Mme Monteil, cantatrice ; des Gam-Hels, Nirélas et Sivan, comiques, MM. Bruinen et Pasquier, professeurs de chant et de violon, et Léveillaut, pianiste-accompagnateur.

Entre la première et la deuxième partie, Daudé-Bancel a prononcé une allocution très applaudie sur la Femme et la Coopération.

A 10 heures, salle Brunet, s'ouvrait un grand bal qui, ainsi que la soirée artistique, obtenait un très grand succès.

Banquet de clôture.

Toute la journée du 30 a été consacrée à l'adoption des statuts de la *Fédération Nationale des Coopératives*. Mais, avant de se séparer, les congressistes se sont réunis en un grand banquet de clôture de 400 couverts, dans la grande salle Brunet.

Au dessert, Charles Gide convie lesdélégués au travail pour la nouvelle *Fédération Nationale*. Il se déclare optimiste sur le sort de la Coopération qui a déjà donné des résultats merveilleux si l'on songe combien elle est jeune encore : elle est née quelques années plus tard que Maxwell et de Boyve et pourtant voyez comme ils sont jeunes encore ! — La magnifique cathédrale de Tours a demandé 377 ans pour être construite. Si certains trouvent nos Maisons du peuple trop modestes, après leurs quelques vingt ans d'existence, nous les prierons de repasser dans 320 ans !... (*Rires et applaudissements.*)

MAXWELL se félicite grandement du mariage qui vient d'êtr· conclu et il espère que la Coopération française sera, sous peu, aussi prospère que celle d'Angleterre ou d'Allemagne (*Applaudissements.*)

M. le Dr BEAUDOUIN excuse M. le Maire de Tours et souhaite la bienvenue aux congressistes. (*Applaudissements.*)

POISSON remercie pour leur dévouement les représentants de la Municipalité de Tours et la Commission d'organisation pour leur accueil fraternel et cordial. (*Applaudissements.*)

HÉLIÈS dit les efforts qu'il a fallu faire pour assurer l'Unité coopérative en France. — Le pacte conclu est sincère. — Il note l'ardeur qui anime les membres de l'ancienne Union coopérative et exalte la puissance de la classe ouvrière si elle veut vraiment s'émanciper. Il exprime son admiration pour des hommes comme de Boyve et Gide et termine en disant que le pacte d'Unité est indissoluble. (*Ban.*)

ANEURIN WILLIAMS déclare, au milieu de vifs applaudissements, que la tâche du xxᵉ siècle sera, grâce à la Coopération, d'assurer une meilleure répartition de la justice sociale et des richesses.

VAN DEN MANDERE dit que la Coopération étant essentiellement démocratique déterminera forcément la paix dans le monde. (*Applaudissements.*)

PRONIER voit dans la Coopération de toutes les nations au sein de l'*Alliance coopérative Internationale*, le meilleur moyen d'aboutir à la paix mondiale. (*Applaudissements.*)

WHITEHEAD, au nom de la délégation anglaise — HEMINGWAY et MAY — se réjouit sincèrement du vote de l'Unité en France et se félicite de la réception faite aux étrangers, il souhaite que les Français soient nombreux aux Congrès d'Aberdeen et de Glasgow. (*Bans.*)

SERWY dit que les Belges ont toujours eu confiance dans le bon sens et l'intelligence des coopérateurs français pour la réalisation de l'Unité. — Les coopérateurs belges sont en train de préparer la grève générale. Il espère que, grâce à l'Unité, les coopérateurs français pourront aider leurs frères de Belgique (*Ban.*)

De Boyve dit à nouveau sa joie de l'Unité et des bons senti- . ments exprimés en son honneur. (*Applaudissements.*)

Maxwell, dans une allocution, saluée par une salve d'applaudissements, exalte l'œuvre et les mérites de l'*Alliance Coopérative Internationale.*

De nombreux délégués entonnent l'*Internationale.*

Le Congrès est terminé et chacun se retire en commentant avec satisfaction les décisions prises en faveur de l'Unité coopérative et se déclare décidé à travailler pour le développement progressif de la nouvelle *Fédération Nationale des Coopératives de consommation, Organe d'émancipation des Travailleurs.*

A. Daudé-Bancel et Ernest Poisson.

SOCIÉTÉS ADHÉRENTES
au Congrès Unitaire de Tours
ET NOMS DE LEURS REPRÉSENTANTS

AIN

Montluel, *L'Econome* (Favier).
Bourg, *La Bressane* (Favier).

AISNE

Soissons *La Prolétarienne* (Docq).
Fère-en-Tardenois, *L'Emancipation* (Levasseur).
Château-Thierry, *L'Espérance* (Lebon G.).
Saint-Quentin, *La Fraternelle* (Lecaillon).
Tergnier, *Solidarité* (Vinsous).
Guise, *La Prospérité* (Docq).
Vaux-sous-Laon, *Union Coopérative* (Docq).
Hirson, *Coopérative des Chemins de fer N. et E.* (M. Hirschfeld)

ALLIER

Bourbon-l'Archambault, *La Paysanne* (Croix).
Moulins, *La Famille* (Pion, Emile).
Montluçon, *La Ruche* (Diot et Ravasson).
Arpheuilles-Saint-Priest, *Syndicat agricole coopératif* (Croix).
Saint-Ennemond, *L'Aurore* (Croix).
Saint-Germain-des-Fossés, *Société civ. P. L. M.* (Bailly)
Bézenet, *Société des Mineurs* (Vossière)

BASSES-ALPES

Digne, *L'Econome* (Deluy)

HAUTES-ALPES

Guillestre, *La Fourmi* (Le Bec).

ARDÈCHE

Annonay, *La Laborieuse* (Roche).

ARDENNES

Château-Regnault, *Société des 4 fils Aymon* (Jevais).
Bogny-sur-Meuse, *Société Coopérative d'Alimentation* (Jevais).
Daigny, par Bazeille, *La Comète* (Quenelisse).
Wadelincourt, *Economie Ouvrière* (Jevais).
Messincourt, *Maison du Peuple* (Jevais).
Mohon, *Maison du Peuple* (L. Hugnin).
Sedan, *Maison du Peuple* (Jevais).
Bourg-Fidèle, *Moisonneuse* (Quenelisse).
Nouzon, *La Nouzonnaise* (Quenelisse).
Haybes-sur-Meuse, *Le Réveil* (Jevais).
Nouzon, *Union Ouvrière* (Jevais).
Sécheval, *L'Union* (Quenelisse).
Neufmanil, *Economie Sociale* (Quenelisse).
Bourg-Fidèle, *Réveil Social* (Quenelisse).
Hiraumont, *Le Ralliement* (Quenelisse).
Revin, *L'Epérance* (Quenelisse).
Sedan, *La Ruche* (Jevais).
Deville, *La Fraternelle, épicerie* (Jevais).
Deville, *La Fraternelle, boulangerie* (Jevais).
Levrezy, *Boulangerie Coopérative* (Jevais).
Gespunsart, *La Fraternelle* (Quenelisse).
Thilay, *L'Humanitaire* (Quenelisse).
Raucourt, *Les Amis Réunis* (Quenelisse).
Levrezy, *Boulangerie Coopérative* (Jevais).
Remilly-Allicourt, *L'Espérance* (Quenelisse).
Flize, *Les Amis Réunis* (Quenelisse).
Attigny, *La Fraternelle* (Jevais).
Boulzicourt, *Union Coopérative* (Jevais).
Rethel, *Solidarité Retheloise* (Jevais).
Château-Regnault, *Coopérative des 2 Rives* (Jevais).
Fromelennes, *L'Union* (Jevais).
Fumay, *Maison du Peuple* (Jevais).
Château-Regnault, *Fédération des Coopératives* (Jevais).
Braux, *Solidarité* (Jevais).
Saint-Menges, *La Maison du Peuple* (Jevais).
Braux, *Brasserie Coopérative* (Jevais).

ARIÈGE

Auzat, *Coopérative des Usines* (A. Marty).

AUBE

Palis, *L'Avenir* (Delmas).
Arcis-sur-Aube, *Les Coopérateurs Ouvriers* (Delmas).
Sainte-Savine, *Les Coopérateurs de Sainte-Savine* (C. Guichard).
Bar-sur-Aube, *La Champenoise* (Delmas).
Les Riceys, *Économie Coopérative* (Delmas).
Bar-sur-Seine, *Fraternelle* (Delmas).
Chervey, *L'Union* (Delmas).
Troyes, *Fédération Coopérative de l'Est* (Delmas).
Marigny-le-Châtel, *La Marignonne* (Garnichat).
Troyes, *La Laborieuse* (Gruyer et Rousseau).
Romilly-sur-Seine, *La Maison du Peuple* (Garnichat).
Nogent, *La Nogentaise* (Delmas).
Villenauxe-la-Grande, *Le Progrès* (Garnichat).
Clairvaux, *La Ruche* (   ).
Romilly, *L'Union* (Garnichat).
Chervey, *L'Union* (Delmas).
Essoyes, *L'Union* (Gidel).
Romilly-sur-Seine, *Société de l'Est* (Benoît).
Troyes, *La Laborieuse* (Gruyer et Rousseau).

AUDE

Cuxac d'Aude, *L'Emancipatrice* (Henriet).
Capendu, *La Capenducienne* (Pendelé).
Portel, *La Moissonneuse* (Henriet).
Narbonne, *Fédération Coopérative Syndicaliste,* (Bruon).
Carcassonne, *La Solidarité* (Daudé-Bancel).
Aubin, *Coopérative Ouvrière* (Joucaviel).
Viviez, *La Triomphante* (Joucaviel).
Millau, *La Glaneuse* (Bors Hippolyte).
Cransac, *Union Ouvrière* (Joucaviel).
Decazeville, *Coopérative Ouvrière* (Joucaviel).
Millau, *La Gerbe Sociale* (Bors Hippolyte).

TERRITOIRE DE BELFORT

Beaucourt, *Coopérative alimentaire* (De Velna).
Belfort, *La Ruche* (De Velna).
Belfort, *L'Espérance* (Garbado).

BOUCHES-DU-RHONE

Marseille, *La Ménagère* (Deluy). ....---
Marseille, *L'Utile* (Deluy).
Arles, *Coopérative des Chemins de fer* (Deluy).

CALVADOS

Caen, *La Semeuse* (M. Hirschfeld).
Saint-Rémy-sur-Orne, *La Ruche* (M. Hirschfeld).
Dives-sur-Mer, *La Fraternelle* (Casimir Claustre).

CHARENTE

Ruelle, *La Solidarité* (Poisson).
Asnières, *Nouvelle Boulangerie coopérative* (Laigniez).
Chabanais, *Boulangerie Coopérative* (H. Boutet).
Angoulême, *Boulangerie Syndicale* (H. Boutet).

CHARENTE-INFÉRIEURE

La Tremblade, *L'Avenir* (Héliès).
Chaillevette, *L'Aurore* (Poisson).
La Pallice, *Boulangerie Coopérative* (Verger Adonis).
Royan, *La Famille* (Jouandanne).
La Pallice, *La Glaneuse* (Verger Adonis).
Pons, *La Fraternelle de Saintonge* (Ch. Gide).
Migré, *Société de Panification* (Léon Cassino).

CHER

Saint-Florent, *La Fraternelle* (Martin et Rousseau).
Bourges, *La Maison du Peuple* (Jules Chègne).
Quincy, *La Ménagère* (Bailly).
Vierzon, *La Ruche Vierzonnaise* (Pivois).
Bourges, *La Fraternelle* (Paulin Gallon).
Foëcy, *La Fourmi* (Chègne).
Asnières, *La Ménagère* (Benizeau).
Bourges, *L'Economie Sociale* (Chègne).
La Celle-Bruère, *L'Economie Ouvrière* (Chègne).
Mehun-sur-Yèvre, *L'Abeille* (Paulin Gallon).
Bourges, *Fédération des Coopératives* (Chègne).

CORRÈZE

Tulle, *L'Avenir* (Poisson).

CORSE

Bastia, *La Bastiaise* (Deluy).
Ajaccio, *La Famille* (Jean Longuet).

CREUSE

Guéret, *La Guérétoise* (Léon Cassino).

DORDOGNE

Nanteuil-de-Bourzac, *Coopérative de Consommation* (A. Marty).
Périgueux, *Coopérative d'alimentation* (Séguy).

DOUBS

Besançon, *Epargne* (de Velna).
Ferrière-sous-Jougne, *Coopérative ouvrière* (Alf. Nasi).
Torpes-Boussières, *La Ménagère* (de Velna).
Isle-sur-le-Doubs, *Coopérative d'alimentation* (de Velna).
Montbéliard, *Union* (de Velna).

DROME

Romans, *Coopérative des chemins de fer* (de Boyve).
Saint-Donnat, *L'Ouvrière* (de Boyve).
Valence, *La Gerbe* (de Boyve).
Nyons, *Coopérative Nyonnaise* (Poisson).
Saillans, *Coopérative des tissages* (Jossand).

EURE

Evreux, *Coopérative* (Hirschfeld).
Gisors, *Union* (Hoffmann).

EURE-ET-LOIRE

Chartres, *Ruche* (Prudhommeaux).
Dreux, *Société Coopérative*
Saint-Rémy-sur-Avre, *La Philanthropique*.
Châteaudun, *Coopérative* (Benoît).

FINISTÈRE

Brest, *La Fraternelle* (Savary).
Quimper, *La Fraternelle* (Prudhommeaux).

Morlaix, *La Ménagère* (Forest).
Lambezellec, *La Solidarité* (Botherel).
Kerhuon, *L'Ouvrière* (Svob).

GARD

Montfaucon, *Le Sorgho* (L. Héliès).
Langlade, *La Maison du Peuple* (A. Fabre).
Alais, *Boulangerie Coopérative* (Waseige).
Alais, *La Ruche* (Deluy).
Nîmes, *Abeille* (de Boyve).

GIRONDE

Arcachon, *La Prolétarienne* (Lévy).
Floirac, *Les Travailleurs du Sud-Ouest* (Mme Marty).
Bordeaux, *Coopérative du Sud-Ouest* (Gidel).
Bordeaux, *Coopérative Ouvrière* (A. Marty).
Bordeaux, *Union administrative* (Ed. Marty).
Bordeaux, *Coopérative des P. T. T.* (Mme Marty).
Bordeaux, *Coopérative des Familles* (Sutter).
Saint-Médard, *Ruche des Poudriers* (Larroque)
Blaye, *Semeuse* (E. Marty).
Daignac, *La Solidarité* (A. Marty).
Pessac, *Semeuse* (A. Marty).
Saint-Loubès, *La Famille* (A. Marty).
Saint-Symphorien, *Coopérative des Chemins de fer économiques*
   (Gidel).

HÉRAULT

Maureilhan, *Aurore Sociale* (Hébray A.).
Maureilhan, Aurore Sociale (Hébray).
Cruzy, *L'Emancipatrice* (A. Marty).
Cette, *La Fourmi* (A. Marty).
Bousquet d'Orb, *La Prévoyante* (A. Marty).
Cette, *Boulangerie Coopérative* (Deluy).

ILLE-ET-VILAINE

Fougères, *Emancipation* (Mordant).
Fougères, *Alliance des Travailleurs* (Mordant).

INDRE

Châteauroux, *La Laborieuse* (Buessard).
Fontgombaud, *La Famille du Bas-Berry* (M. Teste).
Issoudun, *Boulangerie Coopérative* (Garnaud et Rosier).

INDRE-ET-LOIRE

Amboise, *Ruche* (Thuillier).
Bléré, *Espérance* (Fougeron).
Châteaurenault, *La Solidaire* (F. Geschickt et L. Rousseau).
Joué-les-Tours, *Boulangerie « Union Coopérative »* (Marcadet).
Reugny, *Boulangerie* (Deloveux).
Ripault, *Poudrerie de Ripault* (Aug. Roguet).
Tours, *Boulangerie Coopérative* (Rocher).
Tours, *Cercle d'études* (Lebezot).
Tours, *La Ruche Tourangelle* (Gentilhomme).
Tours, *Fédération coopérative* (Collon).
Tours, *Union Coopérative* (Louis Maux, Al. Desneux et Soulet).
Tours, *Coopérative des Employés d'Orléans* (Benizeau et Jard).
Tours, *La Prolétarienne* (Bâtista).

ISÈRE

Les Abrets, *La Solidarité* (L. Favier).
La Bâtie-Montgascon, *L'Aurore* (Béraud P.).
Chozeau, *L'Union* (Favier).
Corbelin, *L'Union des Travailleurs* (Favier).
Dolomieu, *Union Ouvrière* (Favier).
Grenoble, *L'Ouvrier Prévoyant* (Fabreguettes et Béraud P.).
Grenoble, *Fédération des Coopératives P. L. M.* (Lachaize)
Izeaux, *La Cordonnerie Ouvrière* (Béraud).
Izeaux, *Aurore Sociale* (E. Poisson).
La Motte-d'Aveillans, *Union des Travailleurs* (Favier).
La Mure, *Union de la Mateysine* (Favier).
Renage, *La Revanche Prolétarienne* (Poisson).
Rives, *L'Abeille* (Favier).
Saint-André-le-Gaz, *La Prévoyance* (Fabreguettes).
Saint-Jeoire-en-Valdaine, *Avenir* (Roger).
Saint-Symphorien-d'Ozon, *Avenir Economique* (Marius Daudé).
Vizille, *Coopérative de consommation* (M. Daudé).

JURA

Cuttura, *Union* (M. Daudé).
Dôle, *Coopérative de consommation* (Poisson).
Lavans-les-Saint-Claude, *La Prévoyante* (M. Daudé).
Moirans, *Union des Familles* (Héliès).
Morez, *La Famille* (Roldes).
La Saisse, *Coopérative des Forges* (de Velna).
Saint-Lupicin, *Coopérative* (Barrault).

LANDES

Mont-de-Marsan, *Economie Montoise* (A. Marty).

LOIRE

Bourg-Argental, *Coopérative de consommation* (Ch. Roussier).
Firminy, *Union Ouvrière* (Daudé-Bancel).
Lorette, *Union des Travailleurs* (Jouhannet).
Pouilly-sous-Charlieu, *Union Ouvrière* (F. Valety).
Rive-de-Gier, *Union des Travailleurs* (F. Valety).
Roanne, *Fédération des Coopératives* (A. Jouhannet).
Roanne, *La Solidarité* (F. Valety).
Saint-Bonnet-le-Château, *Coopérative des Ouvriers* (F. Valety).
Saint-Chamond, *Alliance des Travailleurs* (F. Valety).
Saint-Etienne, *Union des Travailleurs* (Dosmond et Martinier).
Saint-Just-la-Pendue, *L'Economie* (Jouhannet).
Terrenoire, *La Providence* (F. Valety).
Unieux, *La Pensée* (Jouhannet).
Charlieu, *La Forézienne* (Jouhannet).
Coutouvre, *L'Economie* (F. Valety).
Mably, *Chez Nous* (Giraud).
Neulize, *La Neulisienne* (Pinimowitch).
Sail-sous-Couzan, *Ruche Ouvrière* (Giraud).
Saint-Just-la-Pendue, *Coopérative* (Jouhannet).
Saint-Victor-sur-Rhins, *Coopérative* (Jouhannet).

LOIR-ET-CHER

Saint-Aignan, *Ruche St-Aignannaise*
Seris, par Mer, *Economie* (Malingre et Dupuis).
Romorantin, *Prolétarienne* (Daudé-Bancel et Poillot).
Romorantin, *Union Coopérative* (Ruche, Cochart et Bertrand).

Thenay, *Economie Sociale* (O. Gauthier et M. Samson).
Thenay, *La Prolétarienne* (H. Daubron, O. Gauthier).
Vendôme, *Solidarité* (H. Dalmon).

HAUTE-LOIRE

Lempdes, *L'Auvergne* (Darthois).
Lempdes, *L'Union lempdaise* (Deiuy).
Saint-Hostien, *Coopérative du Syndicat* (Favier).

LOIRE-INFÉRIEURE

Basse-Indre, *La Solidarité* (Fouquet).
Coueron, *La Fraternité* (Hivert).
La Montagne, *La Prolétarienne* (Svob).
Nantes, *Cercle des Coopérateurs nantais* (Portas).
Nantes, *Economie* (Portas).
Nantes, *Fédération des Coopératives* (Svob).
Nantes, *Economie Douanière* (Botherel).
Nantes, *Ruche Nantaise* (Olivier).
Nantes, *La Ménagère* (Rouillard).
Le Pellerin, *La Semeuse* (Lemoine).
Le Pouliguen, *Economie Pouliguennaise* (Lavanchy).
Saint-Nazaire, *Maison du Peuple* (Rouillard).
Saint-Nazaire, *La Sève douanière* (Svob).
Saint-Nazaire, *Ruche Nazairienne* (Deniaud et Fleury).

LOIRET

Bonny-sur-Loire, *La Prolétarienne* (Cheigne).
Orléans, *L'Orléanaise* (Le Roux).
Orléans, *Ruche* (Benizeau).

LOT-ET-GARONNE

Agen, *Coopérative Agenaise* (A. Marty).
Fumel, *Amitié Syndicale* (A. Marty).
Lavardac, *Le Liège* (Lebezot).

MAINE-ET-LOIRE

Angers, *L'Avenir* (Bellier).
Angers, *Société Coopérative* (Leroux).
Cholet, *Ruche* (Bourgueil).

Trélazé, *Avenir du Prolétariat* (Bellier).
Saumur, *La Laborieuse* (Moreau, Boileau, Fillault, Drouet,
Gros aîné).

MANCHE

Equeurdreville, *La Prolétarienne* (Poisson).
Tourlaville, *L'Abeille* (Alix).

MARNE

Châlons-sur-Marne, *L'Union Châlonnaise* (Delmas).
Epernay, *L'Ouvrière* (Docq).
Epernay, *La Laitière* (Prudhommeaux).
Giffaumont, *Boulangerie* (Alf. Nast).
Reims, *La Populaire Rémoise* (Docq).
Reims, *Fédération de la Marne* (Docq).
Sézanne, *Les Coopérateurs Sézannais* (Docq).
Ville-sous-Orbais, *La Colonie des Egoutiers de P.* (J. Cazaux).
Warmériville, *Union Economique* (A. Fabre).

HAUTE-MARNE

Joinville, *Essaim Joinvillais* (Hirschfeld).
Perrogney, *Fraternité* (Alf. Nast).

MAYENNE

Renazé, *L'Union Prolétarienne* (Svob).
Laval, *Emancipatrice* (Daudé-Bancel).

MEUSE

Verdun, *Solidarité* (Jevais).

MORBIHAN

Auray, *Union Economique*.
Hennebont, *Union* (Svob).
Merville, *La Ruche* (Botherel).
Ploemeur, *La Prospérité* (Forest).
Lanester, *Economie* (Forest).
Lochrist en Inzinzac, *L'Indépendante* (Robinot, Le Jules).
Locmiquelic en Riantec, *La Colombe* (Forest).
Lorient, *Panification* (Lavanchy).

Lorient, *La Prospérité* (Lavanchy).
Lorient, *La Famille* (Daniel et Lavanchy).
Pontivy, *Panification Pontivyenne* (Daudé-Bancel).

NORD

Beauvois, *L'Avenir* (M. Hirschfeld).
Cambrai, *L'Avenir* (Delhomme).
Denain, *La Fraternité* (Ducrocq).
Dorignies, *L'Espoir des Travailleurs* (François Jules).
Haspres, *Prolétarienne* (M. Hirschfeld).
Hautmont, *La Hautmontoise* (Daudé-Bancel).
Ligny-en-Cambrésis, *Coopérative civile* (M. Hirschfeld).
Marcoing, *La Fraternelle* (Lacroix).
Merville, *La Prévoyante Mervilloise* (M. Hirschfeld).
Roubaix, *La Solidarité* (H.-E. Barrault).
Sains-du-Nord, *La Fraternelle* (A. Fabre).
Waziers, *La Fraternité* (Lacroix G. et François Jules).

OISE

Andeville, *La Fourmi* (Levasseur).
Creil, *Fédération des Coopératives* (Claux).
Ercuis, *L'Epargne Alimentaire* (Levasseur).
Hermes, *L'Espérance* (Levasseur).
Neuilly-en-Thelle, *La Régulatrice* (Levasseur).
Mesnil-Théribus, *La Tabletière* (Levasseur).
Montataire, *L'Egalitaire* (Godart).
Montataire, *Coopérative des Ouvriers métallurgistes* (E. Claux).
Mouy, *La Grande Famille* (Levasseur).

PAS-DE-CALAIS

Ablain-Saint-Nazaire, *La Charitable* (Charles Laforge).
Avion, *La Vaillante* (Buchet).
Avion, *L'Ouvrière* (Buchet).
Barlin, *Boulangerie coopérative* (Marien).
Béthune, *L'Avenir Béthunais* (Mahieu).
Calais, *Economie Sociale* (Alf. Nast).
Calonne-Liévin, *Prolétarienne* (Mahieu).
Carvin, *Union* (Ch. Laforge).
Dainville, *Le Jalon démocratique* (Em. Mahieu).
Fouquières-les-Lens, *La Liberté* (M. Hirschfeld).

Grenay, *Coopérative de consommation* (Briquet).
Harnes, *La Clairvoyante* (Héliès).
Houdain, *Les Travailleurs* (Emile Mahieu).
Lens, *Cercle des Coopérateurs socialistes de l'Alliance Lensoise*
 (Emile Mahieu).
Lens, *Fédération du Pas-de-Calais* (Laforge et Mahieu).
Lens, *Economie* (Emile Mahieu).
Lens, *Alliance Lensoise* (Emile Mahieu).
Lillers, *La Maison du Peuple* (Laforge).
Noeux-des-Mines, *L'Union* (Lebon Georges).
Hollain, *Coopérative* (Delannoy).
Pelves, *L'Emancipation* (Perrault).
Rouvroy, *L'Emancipatrice* (Laforge).
Ruitz, *Coopérative* (Leroux).
Souchez, *La Revanche Sociale* (Laforge).
Vimy, *La Clairvoyante* (Laforge).

PUY-DE-DOME

Auzat-sur-Allier, *La Fraternelle* (E. Poisson).
Ardes-sous-Couze, *Chez Nous* (E. Poisson).
Saint-Germain-Lembron, *La Fraternelle* (E. Poisson).

BASSES-PYRÉNÉES

Le Boucau, *Maison du Peuple* (A. Marty).
Pau, *Coopérative civile ouvrière* (Ed. Marty).
Pau, *Alliance des Travailleurs* (Poisson).
Salies-de-Béarn, *Ruche Salisienne* (Poisson).

HAUTES-PYRÉNÉES

Bagnères-de-Bigorre, *Union des Travailleurs* (Daudé-Bancel).
Gerde, *Union des Travailleurs* (A. Marty).
Tarbes, *Boulangerie* (Brocas).

PYRÉNÉES-ORIENTALES

Céret, *La Grande Famille* (Passebosc).
Corneilla-del-Vercol, *Economie des Travailleurs* (Poisson).
Pollestres, *Société coopérative ouvrière* (Passebosc).
Saint-Laurent-de-Cerdans, *Les Travailleurs syndiqués* (P. Jou-
 caviel).

RHONE

Amplepuis, *La Fraternité* (F. Valety).
L'Arbresle, *La Fraternelle* (Jouhannet).
Cublize, *La Prévoyante* (F. Valety).
Givors, *Le Sémaphore* (G. Deluy).
Givors, *Ruche Syndicaliste* (Dumas).
Lyon, *Alimentation coopérative* (Aug. Bouteiller).
Lyon, *Prévoyante* (Bouteiller).
Oullins, *La Ruche Syndicaliste* (Mme Vivier).
Pontcharra, *Union Coopérative* (Jouhannet).
Tarare, *L'Egalité* (Jouhannet).
Thizy, *La Laborieuse* (Jouhannet).
Saint-Lager, *La Fraternelle* (Ravier).
Saint-Pons, *La Laborieuse* (Bouteillier.)
Saint-Victor-sur-Reins, *Coop. de consommation* (Jouhannet).
Saint-Vincent-de-Reins, *L'Union* (F. Valety).
Valsonne, *La Fraternelle* (Vossière),
Villefranche-sur-Saône, *La Solidarité* (Jouhannet).

HAUTE-SAONE

Chagey, *La Fraternelle* (M. Daudé).
Lure, *Coopérative Syndicale* (Lainiez).

SAONE-ET-LOIRE

Blanzy, *L'Ancienne* (Ph. Thévenet).
Bois-du-Leu (Montceau-les-Mines), *Prévoyante* (Ph. Thévenet).
Bois-du-Verne, *Alliance des Travailleurs* (Ph. Thévenet).
Montceau-les-Mines, *L'Ancienne* (Ph. Thévenet).
Montceau-les-Mines, *Cercle d'études* (Ph. Thévenet).
Montceau-les-Mines, *Cercle d'études* (Thévenet).
Chagny, *Employés P. L. M.* (Favier).
Digoin, *Union* (François Bonnot).
Digoin, *Ruche* (François Bonnot).
Ecuisses, *L'Indépendante* (Ch. Gide).
Echavannes-Saint-Marcel, *L'Econome* (Thévenet).
Montceau-les-Mines, *Boulangerie coopérative* (Thévenet).
Montceau-les-Mines, *Coopérative de Lucy* (Thévenet).
Mâcon, *L'Abondance* (Claude Lachaize).
Montceau-les-Mines, *L'Economie Sociale* (Thévenet).
Montceau-les-Mines, *Avenir des Travailleurs* (Thévenet).

Montceau-les-Mines, *Union du Bois-Roulot* (Thévenet).
Montceau-les-Mines, *Fédération des Coopératives* (Thévenet).
Montceau-les-Mines, *Coopérative* (Thévenet).
Saint-Vallier-Sallons, *Emancipation des Travailleurs* (Thévenet).
Sanvignes, *L'Ouvrière* (Thévenet).
Saint-Rémy par Châlons, *L'Humanitaire* (Thévenet).
La Sorme, *Coopérative* (Thévenet).

SARTHE

Château-du-Loir, *Boulangerie Coopérative* (Martinot).

SAVOIE

La Bridoire, *La Glaneuse* (Favier).
Chambéry, *La Fraternelle* (Poisson).
Les Echelles, *La Fraternelle* (Garbado).
Pont-de-Beauvoisin, *La Fraternelle* (de Boyve).

HAUTE-SAVOIE

Annecy, *La Ruche* (Favier).
Bogève, *Coopérative agricole* (Encrenaz).
Cluses, *L'Egalitaire* (Encrenaz).
Cluses, *L'Union Ouvrière* (Encrenaz).
Les Houches, *L'Alimentaire* (Encrenaz).
Lugrin, *La Lugrinoise* (Encrenaz).
Marnaz, *L'Economique* (M. Daudé).
La Roche-sur-Foron, *L'Avenir* (Encrenaz).
Scionzier, *La Fraternelle* (Encrenaz).

SEINE

Paris 2ᵉ, *La Productrice* (Tenneveau).
Paris 2ᵉ, *Cercle d'études du 2ᵉ* (Cazaux).
Paris 2ᵉ, *Economie Parisienne* (Buguet).
Paris 3ᵉ, *Assurance Ouvrière* (Droneau).
Paris 3ᵉ, *Union des Coopérateurs socialistes* (Héliès).
Paris 3ᵉ, *Le Grand' Air* (Camin).
Paris 4ᵉ, *Maison du Peuple* (André Gillet).
Paris 5ᵉ, *Prolétarienne* (A. Jouenne).
Paris 5ᵉ, *Nouveau Restaurant Coopératif du Quartier Latin* (Daudé-Bancel).

Paris 6ᵉ, *Coopérative de Gros* (H.-E. Barrault).

Paris 6ᵉ, *Union Coopérative* (Ch. Gide).

Paris 6ᵉ, *Société coopérative générale de détail* (Bailly)

Paris 6ᵉ, *La Lutèce Sociale* (Bassand).

Paris 6ᵉ, *Cercle des Coopérateurs de la Lutèce Sociale* (Bassand).

Paris 10ᵉ, *L'Egalitaire* (Tharé, Garbado).

Paris 10ᵉ, *Famille Nouvelle* (Gonin, Henriet).

Paris 10ᵉ, *Cercle de la Famille Nouvelle* (Bruon).

Paris 10ᵉ *Magasin de Gros* (Héliès).

Paris 10ᵉ, *Le Chêne Liège* (Barennes).

Paris 10ᵉ, *Association des Coiffeurs* (Jean Richard).

Paris 11ᵉ, *Famille du XIᵉ* (Fourticq).

Paris 11ᵉ, *Famille du XIᵉ, Cercle* (Sens).

Paris 12ᵉ, *Indépendante* (Bailly).

Paris 12ᵉ, *L'Avenir du XIIᵉ* (Sauvage).

Paris 12ᵉ, *La Bercy-Picpus* (J. Garchery).

Paris 13ᵉ, *Union ouvrière de transports* (Pendelé).

Paris 13ᵉ, *Utilité Sociale* (Pérussie).

Paris 13ᵉ, *Cercle des Coopérateurs* (Jouandanne).

Paris 14ᵉ, *Avenir de Plaisance* (Buguet).

Paris 14ᵉ, *Glaneuse Parisienne* (Pérussie).

Paris 14ᵉ, *Association ouvrière fam.* (Latapie).

Paris 14ᵉ, *Association des sacs en papiers* (Mirault).

Paris 15ᵉ, *L'Avenir Social du XVᵉ* (Mirault).

Paris 15ᵉ, *L'Eglantine Parisienne* (Daudé-Bancel).

Paris 15ᵉ, *L'Emancipatrice* (Poisson).

Paris 15ᵉ, *Cercle des coopérateurs de l'Avenir Social* (Mirault).

Paris 16ᵉ, *Abeille de Passy* (Alexandre).

Paris 17ᵉ, *La Gerbe* (Bernard-Lavergne).

Paris 17ᵉ, *Cercle des Coopérateurs socialistes du 17ᵉ* (Terrasse).

Paris 17ᵉ, *La Ménagère* (Poillot et Terrasse).

Paris 17ᵉ, *La Solidarité* (Jouenne).

Paris 18ᵉ, *Fédération coopérative* (Huberty et Alexandre).

Paris 18ᵉ, *Société des Restaurants* (Droneau).

Paris 18ᵉ, *La Prolétarienne* (Jacque).

Paris 19ᵉ, *Restaurant de Belleville* (Henri Vanstenbrugge).

Paris 20ᵉ, *Bellevilloise* (Vastenbrugge, Thomas, Lucien Tenneveau, Alloix et Emile).

Paris 20ᵉ, *Cercle des Coopérateurs de la Bellevilloise* (Jean Cazaux).

Arcueil-Cachan, *Le Progrès* (Delhomme).

Kremlin-Bicêtre, *Intercommunale* (M. Hirschfeld).
Boulogne-sur-Seine, *Avenir* (Jacque).
Le Bourget, *Union* (Budent).
Bagnolet, *Avenir Socialiste* (Izoret).
Bondy, *Egalité Sociale* (Héliès).
Champigny, *La Travailleuse* (Bruckère).
Choisy-le-Roi, *L'Emancipatrice* (Alexandre).
Fontenay-sous-Bois, *Union* (Vivier).
Garenne-Colombes, *Travail et Solidarité* (Julien).
La Garenne, *Cercle des Coopérateurs socialistes* (Tiha).
Issy-les-Moulineaux, *Economie Sociale* (Pérussie).
Ivry-sur-Seine, *Union Coopérative* (Pendelé).
Levallois-Perret, *L'Aube Sociale* (Poisson).
Les Lilas, *Fraternelle* (Allanic).
Malakoff, *Avenir de Malakoff* (Le Clerc).
Montreuil, *Coopérative du Haut-Montreuil* (Pendelé).
Nanterre, *La Ruche* (Péron).
Neuilly-sur-Seine, *La Force Ouvrière* (Jouenne).
Le Perreux, *Avenir de Nogent* (A. Thomas, Pinimowitch, Bou-
    guet).
Pierrefitte, *Libératrice* (Boudios).
Pré-Saint-Gervais, *Chocolaterie Ouvrière* (Chambige).
Pré-Saint-Gervais, *Prévoyante* (Henriet).
Pré-Saint-Gervais, *Cercle des Coopérateurs du Pré-St-Gervais*
    (Henriet).
Puteaux, *Revendication* (Quinchon et Martinot).
Puteaux, *Chez Nous* (Sellier).
Puteaux, *Cercle des Coopérateurs* (F. Parain).
Saint-Denis, *Avenir Social* (Lebec).
Saint-Denis, *Les Persévérants* (Darthois).
Saint-Maurice, *Avenir de Gravelle* (Lévy).
Saint-Ouen, *L'Espérance* (Le Roux).
Saint-Ouen, *Groupe d'études* (Alexandre).
Saint-Ouen, *L'Abeille* (Alexandre).
Vanves, *Union* (Poillot).

SEINE-INFÉRIEURE

Darnétal, *Rénovation* (Lucas).
Deville-les-Rouen, *Ruche* (Lucas).
Graville, *Abeille* (Lucas).

Le Havre, *Boulangerie Nouvelle* (Lucas).
Le Havre, *Indépendante* (Poisson).
Malaunay, *L'Emancipatrice* (Bonnet).
Maromme, *Coopérative de la Vallée* (Vanstenbrugge).
Maromme, *Union de la Vallée* (Lucas).
Notre-Dame-de-Bondeville, *La Semeuse* (Lucas).
Oissel, *Economat* (Lucas).
Pavilly, *Persévérante* (Lucas).
Grand-Quevilly, *Réveil* (Poisson).
Petit-Quevilly, *Maison du Peuple* (Poisson).
Rouen, *L'Evolution* (Lucas):
Rouen, *Imprimerie Coopérative* (Lucas).
Sotteville, *Fédération Nord-Ouest* (Lucas).
Sotteville, *Famille Laborieuse* (Lucas).
Sotteville-les-Rouen, *Solidarité* (Dezoubris).
Sotteville-les-Rouen, *Cercle des Coopérateurs socialistes* (Dezoubris).
Le Tréport, *Progrès Tréportais* (Travet).

SEINE-ET-MARNE

Champeaux, *Prolétarienne* (Poisson).
Champs, *Union des Travailleurs* (Levasseur).
Claye-Souilly, *Avenir* (Gausson).
Chelles, *Fédération Ouvrière* (Michaud).
Ferté-sous-Jouarre, *Emancipatrice* (Mme Allard).
Fontenay, *Fraternité* (Levasseur).
Lagny, *Emancipatrice* (Mme Michaud).
Luisetaines, *Coopérative de consommation* (Dumas).
Meaux, *Prolétarienne* (Gausson).
Melun, *Fourmi* (Levasseur).
Montereau, *Ruche* (Barrault).
Villeparisis, *Action Ouvrière* (Gausson).

SEINE-ET-OISE

Arpajon, *Union Sociale* (Jouenne).
Bas-Meudon, *Fraternelle* (Em. Barbé).
Beaumont-sur-Oise, *Société Coopérative* (Jouenne).
Blanc-Mesnil, *Emancipation* (Bident).
Boutigny, *Maison du Peuple* (Hoffmann).
Draveil, *Espérance* (Jouenne).

Draveil, *Coopérative agricole de Paris-Jardin* (L. Trotobas).
Etampes, *Solidarité* (Jouenne).
Ermont, *Coopérative* (Victor Allard).
Arpajon, *Union Sociale* (Jouenne).
Gargan, *Avenir* (Lévy).
Gagny, *Egalitaire* (Henriet).
Maisons-Laffitte, *Maisonnaise* (Waseige).
Mantes, *Solidarité* (Waseige).
Maurecourt, *Ruche* (Prudhommeaux).
Saint-Chéron, *Progrès* (Villaret).
Saint-Ouen-l'Aumône, *Prévoyante* (Alf. Nast).
Vaujours, *Prolétarienne* (E. Gérard).
Versailles, *Versaillaise* (Waseige).
Villeneuve-Triage, *Ruche Syndicaliste* (Le Roux).

DEUX-SÈVRES

Epannes, *Fraternelle* (Dubosc).
Melle, *La Melloise* (Babeau).
Melle, *Boulangerie Coopérative* (A. Fabre).
Saint-Jouin-de-Marnes, *Coopérative de panification* (Girault Gaston et Naudeau).
Sainte-Soline, *Solidarité* (Casimir Claustre).
Le Vanneau, *Emancipatrice* (Dubosc).

SOMME

Ailly-sur-Somme, *Prévoyance ouvrière* (Cozette).
Amiens, *Union* (Catel et Borly).
Corbie, *Prévoyante* (Daudé-Bancel).
Friville-Escarbotin, *Avenir du Vimeu* (H.-E. Barrault).
Heudicourt, *La Libérale* (Alf. Nast)
Saint-Léger, *Foyer de la Ménagère* (Cozette).
Terramesnil, *Union* (Cleuet).
Villers-Bretonneux, *Prolétarienne* (Cleuet).
Albert, *Prévoyante* (Cleuet).
Amiens, *Fédération de la Somme* (Cozette, Eug.).
Amiens, *Imprimerie Nouvelle* (Cleuet).
Beauval, *Foyer Populaire* (Cozette).
Corbie, *Emancipatrice* (Cozette).
Flixécourt, *Harmonie des Travailleurs* (Cozette).
Méharicourt, *Famille Nouvelle* (Tonnelier R. et Cozette).

Moreuil, *Laborieuse* (Cozette).
Roisel, *L'Ouvrière* (Cleuet).
Saint-Ouen, *Foyer du Peuple* (Cleuet).

TARN

Aubin, *Fédération de la Région sud-ouest* (P. Joucaviel).
Carmaux, *Revanche prolétarienne* (L. Héliès).

TARN-ET-GARONNE

Castelsarrasin, *Famille*.
Montauban, *Ruche* (Joucaviel).
Montauban, *Gerbe* (Joucaviel).

VAR

Aups, *Ruche* (Poisson).
Collobrières, *Ruche* (Daudé-Bancel).
Garde-Freinet, *Union des Consommateurs* (Deluy).
Sainte-Maxime, *Union des Consommateurs* (Daudé-Bancel).

VAUCLUSE

Cadenet, *Emancipatrice* (Roubert Baptistin).
Carpentras, *Semeuse* (Alb. Thomas).
Avignon, *Fourmi* (Deluy).

VENDÉE

L'Aiguillon-sur-Mer, *Union Aiguillonnaise* (A. Marty).
Le Mazeau, *Union des Familles* (Dubosc).
Mervent, *Fraternelle* (Svob).
La Roche, *Ruche*.
Rochetrejoux, *Coopérative* (A. Marty).
Sables-d'Olonne, *Economie Sociale* (Thison).

VIENNE

Châtellerault, *Union coopérative*.

HAUTE-VIENNE

Limoges, *Union* (Gaillard).
Saint-Junien, *Union Syndicale ouvrière* (A. Marty).

VOSGES

Bussang, *Union Fraternelle* (Mauss).
Epinal, *Union Ouvrière* (A. Fabre).
Gérardmer, *Réveil.*
Igney, *Union Ouvrière* (G. Deluy).
Plainfaing, *La Prévoyante* (Poisson).
Rochesson, *Fraternelle* (de Velna).
Saint-Dié, *Coopérative ouvrière* (Guéreau).
Val-d'Ajol, *Union ouvrière* (Daudé-Bancel).
Vanémont, *Union ouvrière* (M. Hirschfeld).
Vagney, *L'Utile* (de Velna).

YONNE

Fleury-Vallée, *Fraternelle* (Daudé-Bancel).
Joigny, *Gerbe d'Or* (M. Hirschfeld).
Lézinnes, *La Sociale* (Benoît).
Ravières, *L'Espérance* (Beauchamp).
Sens, *Econome* (Beauchamp).

TABLE DES ORATEURS DU CONGRÈS

TABLE DES MATIÈRES

L'Emancipatrice (Imp. communiste) 3, rue de Pondichéry, Paris — 6384-3-13.

www.ingramcontent.com/pod-product-compliance
Lightning Source LLC
Chambersburg PA
CBHW070542200326
41519CB00013B/3103